원리로 이해하고 그림으로 기억해요!

쑥쑥 급수한자

5급 상

머리말

한자의 부수

한자에는 온 세상의 모든 것이 담겨 있고 모든 한자는 부수를 가지고 있어요. 부수는 한자를 정리하고 배열하기 위한 하나의 방법입니다. 각 글자의 구성 요소 중에서 뜻에 해당하는 부분이 공통되는 부분을 부수로 삼고 글자를 찾을 때 활용해요. 한자의 부수를 알면 새로운 한자를 쉽게 익힐 수 있는 지름길이 됩니다.

같은 부수 한자 알아보기

1. 사람 인(人, 亻) 부수가 들어간 한자

2. 마음 심(心, 忄) 부수가 들어간 한자

3. 나무 목(木) 부수가 들어간 한자

수풀 림   학교 교   마을 촌   실과 과

4. 날 일(日) 부수가 들어간 한자

밝을 명   어제 작   때 시   봄 춘

5. 물 수(水, 氵) 부수가 들어간 한자

바다 해   기름 유   씻을 세   흐를 류

6. 말씀 언(言) 부수가 들어간 한자

말씀 화   말씀 어   읽을 독   가르칠 훈

알아보아요 - 약자(略字) 5급 시험에는 8급~6급까지의 약자가 출제돼요.

번호	한자	약자	훈음	급수	번호	한자	약자	훈음	급수
1	國	国	나라 국	8급	24	廣	広	넓을 광	준5급상
2	萬	万	일만 만	8급	25	當	当	마땅 당	준5급상
3	學	学	배울 학	8급	26	變	変	변할 변	준5급상
4	氣	気	기운 기	7급	27	實	実	열매 실	준5급상
5	來	来	올 래	7급	28	傳	伝	전할 전	준5급상
6	數	数	셈 수	7급	29	卒	卆	마칠 졸	준5급상
7	對	対	대할 대	6급상	30	質	质	바탕 질	준5급상
8	圖	図	그림 도	6급상	31	價	価	값 가	준5급하
9	讀	読	읽을 독	6급상	32	觀	观	볼 관	준5급하
10	樂	楽	즐길 락 / 음악 악	6급상	33	關	関	관계할 관	준5급하
11	發	発	필 발	6급상	34	舊	旧	예 구	준5급하
12	藥	薬	약 약	6급상	35	團	団	둥글 단	준5급하
13	戰	战	싸움 전	6급상	36	獨	独	홀로 독	준5급하
14	體	体	몸 체	6급상	37	勞	労	일할 로	준5급하
15	會	会	모일 회	6급상	38	歲	岁	해 세	준5급하
16	區	区	구분할 구 / 지경 구	6급하	39	兒	児	아이 아	준5급하
17	禮	礼	예도 례	6급하	40	惡	悪	악할 악	준5급하
18	遠	遠	멀 원	6급하	41	參	参	참여할 참	준5급하
19	醫	医	의원 의	6급하					
20	定	㝎	정할 정	6급하					
21	晝	昼	낮 주	6급하					
22	號	号	이름 호	6급하					
23	畵	画	그림 화	6급하					

차례

1 탐험가 : 마젤란과 아문센   8쪽
料 初 / 賣 買 / 島 船 / 亡 氷 / 板 最

2 문학가 : 세익스피어와 안데르센   26쪽
落 熱 / 都 無 / 思 考 / 卓 完 / 原 因

3 미술·건축가 : 가우디와 피카소   44쪽
致 建 / 他 曲 / 景 示 / 雄 賞 / 改 善

4 종교·박애 : 헬렌 켈러와 마더 테레사   62쪽
固 再 / 倍 院 / 可 冷 / 許 貴 / 終 患

5 명장·지도자 : 징기스칸과 알렉산더   80쪽
則 領 / 敗 爭 / 位 願 / 選 序 / 規 鐵

부록 자주 출제되는 한자 독음   98쪽

반의 한자 결합어   102쪽

유의 한자 결합어   103쪽

진흥회 속 5급 교과서한자   106쪽

정답 연습문제 / 기출예상문제 / 모의고사 정답   109쪽

평가 한국어문회 5급 모의고사 1회 / 2회
한자교육진흥회 5급 모의고사 1회 / 2회
모의고사 답안지

이 책의 구성

재미있는 위인전 이야기

- 단계별로 주제와 어울리는 한자를 모았어요.
- 배울 한자를 제시하였어요.
- 문장 힌트를 읽고 그림 속에서 숨은 한자를 찾아보아요.

하루에 두 글자씩 한자를 익혀요

- 그림과 설명으로 한자의 원리를 재미있게 익혀요.
- 中 중국 간체자와 병음, 한글 발음을 함께 표기하였어요.
- 획순을 따라 바르게 써보아요.
- 신나는 연습문제로 그날 배운 한자들을 확인해보아요.

* 한자카드는 홈페이지에서 다운로드 받으실 수 있습니다.
  (회원가입 로그인후 도서명을 검색하세요.)

6 쑥쑥 급수한자 5급 상

연습문제

배운 한자들을 재미있는 퀴즈와 문제로 풀어보며 실력을 확인해요.

각 단계에서 배우는 한자를 표시해요.

훈과 음 바르게 읽기, 관련 있는 한자어 고르기 등 다양한 문제가 들어있어요.
자기주도학습으로 혼자 할 수 있어요.

기출·예상문제

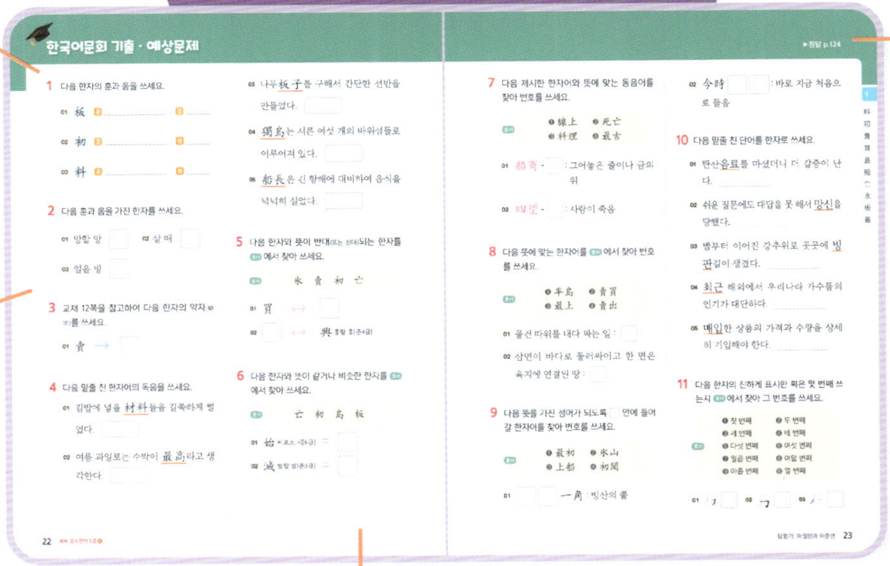

한국어문회와 한자교육진흥회에서 시행하는 한자자격시험에 대비해요.

정답은 부록에 모두 들어 있어요.

기출문제 유형으로 예상문제들을 풀어 보아요.

확인문제와 연습문제, 기출예상문제로 총 3회 이상 반복하여 복습할 수 있어요.

이 책의 구성 7

1단계 탐험가: 마젤란과 아문센

마젤란은 향신料를 賣買할 새로운 뱃길을 찾기 위해 말루쿠 제島로 항해를 떠났어요. 유럽인은 한 번도 가본 적 없는 넓은 바다를 지나면서 '태평양'이라는 이름도 붙여주었어요. 그는 항해 도중 死亡했지만, 남은 船원들은 인류 최초로 세계 일주를 했답니다.

용감한 항해자 마젤란, 무사히 돌아오세요!

향신료의 땅, 말루쿠로 향한다!

문장 힌트를 읽고 그림 속에 숨은 한자를 찾아봅시다.

料	賣	買	島	亡	船	氷	板	最	初
헤아릴 료	팔 매	살 매	섬 도	망할 망	배 선	얼음 빙	널 판	가장 최	처음 초

* 말루쿠 제도는 인도네시아 동부에 있는 여러 섬들로 이루어진 군도를 말해요.

노르웨이 탐험가 아문센은 남극점 정복의 꿈을 안고 남극으로 떠났어요.
영하 40도의 눈 쌓인 氷板은 너무 추웠지만 에스키모의 털옷으로 버텨낼 수 있었어요.
그는 인류 最初로 남극점에 도착해 노르웨이 국기를 꽂았어요.

탐험가: 마젤란과 아문센

초(初)심을 잃고 재료(料)를 계량하지 않았더니 음식이 맛이 없어.

헤아릴 료

- 부수: 斗(말 두)
- 획수: 총 10획
- 中: 料(liào) 리아오

米 + 斗 회의

'헤아릴 료'는 국자로 쌀을 담는 모습을 그린 것으로 용량을 헤아리다는 의미를 가지고 있어요.

처음 초

- 부수: 刀(칼 도)
- 획수: 총 7획
- 中: 初(chū) 추*

衣 + 刀 회의

'처음 초'는 옷과 칼을 그린 모양으로 옷을 만들기 위해서는 먼저 천에 칼질을 해야 한다는 의미에서 처음, 시작이라는 의미를 가지게 되었어요.

교과서 속 숨은 한자

사회

資 料　資 재물 자

자료 : 연구나 조사 따위의 바탕이 되는 재료

실과

料 理　理 다스릴 리

요리 : 여러 조리 과정을 거쳐 음식을 만듦

과학

原 料　原 언덕 원

원료 : 생산에 쓰이는 소재

사회
初 代　代 대신할 대

초대 : 한 계통의 연대나 세대의 첫머리

사회

初 期　期 기약할 기

초기 : 정해진 기간이나 일의 처음이 되는 때나 시기

국어

初 行　行 다닐 행

초행 : 어떤 곳에 처음으로 감

쓰는 순서에 맞게 예쁘게 따라 쓰세요.

총 10획   料 料 料 料 料 料 料 料 料

料	料					
헤아릴 **료**						

총 7획   初 初 初 初 初 初 初

初	初					
처음 **초**						

 **다음 한자와 의미가 유사한 한자를 찾아 ○하세요.**

料   科   量   初   始   草

 **문장을 읽고 밑줄 친 한자의 독음을 써 보세요.**

01 우리 나라의 **初代** 대통령은 이승만입니다.

02 나는 엄마와 함께 **料理**하는 것이 정말 즐겁습니다.

03 세종대왕은 조선 **初期**의 왕입니다.

04 친구와 함께 내일 발표 시간에 사용할 **資料**를 정리하였습니다.

탐험가: 마젤란과 아문센

판매(賣)자와 구매(買)자를 위해 가격을 인하하였습니다.

팔 매

- **부수** 貝(조개 패)
- **획수** 총 15획
- **中** 卖(mài) 마이
- **약자** 売

買 + 士 형성

'팔 매'는 '買'(살 매)에 '出'(날 출)이 결합된 모양으로 팔다는 의미를 가지고 있어요.

살 매

- **부수** 貝(조개 패)
- **획수** 총 12획
- **中** 买(mǎi) 마이

网 + 貝 회의

'살 매'는 그물로 화폐(조개)를 쓸어 담는 모습을 그린 것으로 사다는 의미를 가지고 있어요.

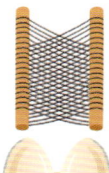
교과서 속 숨은 한자

국어
販 賣 — 販 팔 판
판매 : 상품 따위를 팖

사회
賣 場 — 場 마당 장
매장 : 물건을 파는 장소

사회
都 賣 — 都 도읍 도
도매 : 물건을 낱개로 팔지 않고 여러 개를 묶어서 팖

사회
購 買 — 購 살 구
구매 : 물건 따위를 사들임

사회
收 買 — 收 거둘 수
수매 : 물건을 거두어 사들임

사회
不 買 — 不 아닐 불
불매 : 사지 않음

 쓰는 순서에 맞게 예쁘게 따라 쓰세요.

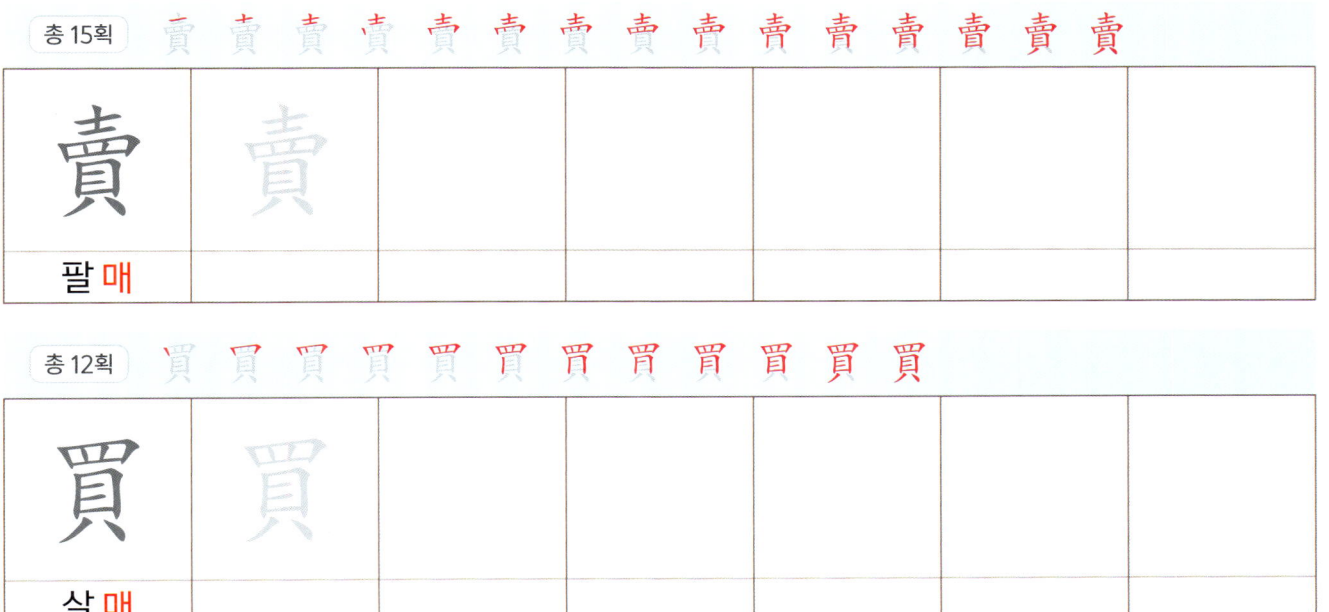

팔 **매**

살 **매**

 다음 사자성어의 빈칸에 들어갈 알맞은 한자를 쓰세요.

01 千 金 ☐ 笑
천금을 주고 웃음을 산다,
쓸데없는 곳에 돈을 낭비함

02 ☐ 文 ☐ 筆
돈을 벌기 위하여 실속 없는
글과 글씨를 써서 팔아먹음

 다음 의미에 해당하는 한자어를 찾아 ○하세요.

01 물건 따위를 사들임   購買 | 販賣

02 물건을 파는 장소   賣場 | 買場

03 물건을 낱개로 팔지 않고 여러 개를 묶어서 팖   小賣 | 都賣

04 물건을 사지 않음   不買 | 不賣

탐험가: 마젤란과 아문센

유람선(船)을 타고 월미도(島)에 놀러갔습니다.

島 섬 도
- 부수: 山(메 산)
- 획수: 총 10획
- 中: 岛(dǎo) 다오

鳥 + 山 회의

'섬 도'는 섬 위에 새가 앉아 있는 모습을 그린 모양으로 큰 섬이라는 의미를 가지고 있어요.

船 배 선
- 부수: 舟(배 주)
- 획수: 총 11획
- 中: 船(chuán) 추안*

舟 + 㕣 회의

'배 선'은 물을 따라 흘러가는 배를 그린 모양으로 배, 선박이라는 의미를 가지고 있어요.

교과서 속 숨은 한자

사회
半 **島**
半 반 반
반도 : 삼면이 바다에 둘러싸인 육지

사회
多 **島** 海
多 많을 다
海 바다 해
다도해 : 전라남도와 대한해협 사이에 있는, 섬이 많은 바다

국어
濟 州 **島**
濟 건널 제
州 고을 주
제주도 : 우리나라 서남해에 있는 가장 큰 섬

사회
船 舶
舶 큰 배 박
선박 : 배를 전문 용어로 이르는 말

사회
造 **船**
造 지을 조
조선 : 배를 만들어 지음

국어
船 上
上 윗 상
선상 : 배 위

* 행정구역으로는 '濟州道'로 표기해요.

 쓰는 순서에 맞게 예쁘게 따라 쓰세요.

총 10획 島 島 島 島 島 島 島 島 島 島

島	島					
섬 도						

총 11획 船 船 船 船 船 船 船 船 船 船 船

船	船					
배 선						

料 初 賣 買 島 船 亡 氷 板 最

 다음 한자와 음이 같은 한자를 찾아 ◯하세요.

島   圖   産   船   綠   線

 다음 문장의 밑줄 친 부분을 한자로 쓰세요.

01 탐정 드라마에서 할로윈 파티를 **선상**에서 하는 장면을 봤어요.

02 한**반도**는 삼면이 바다로 둘러싸인 우리나라를 이르는 말이에요.

03 이번 여름 휴가는 **다도해** 해상 국립공원으로 갑니다.

04 지난 겨울 **조선**소 견학을 갔어요.

탐험가: 마젤란과 아문센

빙(氷)판길에서 도망(亡)가다가 넘어졌습니다.

망할 망

부수	亠(돼지해머리)
획수	총 3획
中	亡(wáng) 왕

상형

'망할 망'은 칼날이 부러진 것을 그린 모양으로 망하다, 잃다는 의미를 가지고 있어요.

얼음 빙

부수	水(물 수)
획수	총 5획
中	冰(bīng) 빙

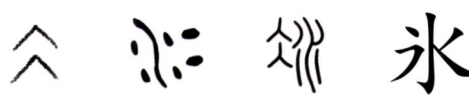
상형

'얼음 빙'은 물 위에 떠 있는 얼음을 그린 모양으로 얼음이라는 의미를 가지고 있어요.

교과서 속 숨은 한자

[도덕] 亡 身 — 身 몸 신
망신 : 말이나 행동을 잘못해 체면이나 명예를 잃음

[국어] 逃 亡 — 逃 달아날 도
도망 : 피하거나 쫓기어 달아남

[역사] 敗 亡 — 敗 패할 패
패망 : 싸움에 져서 망함

[국어] 氷 板 — 板 널 판
빙판 : 얼음이 깔린 길바닥

[국어] 氷 水 — 水 물 수
빙수 : 간 얼음에 단맛을 더한 여름 간식

[국어] 氷 上 — 上 윗 상
빙상 : 얼음판의 위

 쓰는 순서에 맞게 예쁘게 따라 쓰세요.

총 3획	亡 亡 亡

亡	亡					
망할 **망**						

총 5획	氷 氷 氷 氷 氷

氷	氷					
얼음 **빙**						

 다음 자원 그림을 보고 한자를 찾아 ○하세요.

   氷 永 水

   六 亡 己

 다음 글을 읽고 틀린 부분을 찾아 ○하고, 빈칸에 바르게 고쳐 써 보세요.

나는 오늘 친구를 만나기로 했다. 원래는 친구와 함께 永水(빙수)를 먹고 氷上(빙상) 경기를 보러 갈 예정이었는데, 길을 걷다 큰 개가 달려와 너무 놀라 逃亡(도망) 쳤다. 허겁지겁 달리다 그만 길바닥에 엉덩방아를 찧어 亡身(망신)을 당하고 말았다.

탐험가: 마젤란과 아문센

최(最)근에 바꾼 전자 칠판(板)이 너무 마음에 들어요.

널 판

- 부수: 木(나무 목)
- 획수: 총 8획
- 中: 板(bǎn) 반

木 + 反 형성

'널 판'은 나무로 만든 널빤지를 그린 모양으로 처음에는 片(조각 편)이 쓰이다가 지금은 木(나무 목)으로 바뀌었어요.

가장 최

- 부수: 曰(가로 왈)
- 획수: 총 12획
- 中: 最(zuì) 쭈이

曰 + 取 회의

'가장 최'는 감투 안에서 귀를 잡는 것을 그린 모양으로 본래는 매우 예의 없는 사람을 일컫다가 이후에 모자가 관직에 비유되며 실력이 뛰어나다는 의미를 가지게 되었어요.

교과서 속 숨은 한자

국어
揭 示 板
- 揭 걸 게
- 示 보일 시

게시판 : 알릴 내용을 붙이거나 걸게 만든 판

국어
漆 板
- 漆 옻 칠

칠판 : 분필로 글씨를 쓰는 검은 칠을 한 판

사회
標 識 板
- 標 표할 표
- 識 알 식 / 기록할 지

표지판 : 어떠한 사실을 알리기 위하여 표시를 해 놓은 판

사회
最 近
- 近 가까울 근

최근 : 얼마 아니 되는 지나간 날

역사
最 初
- 初 처음 초

최초 : 맨 처음

국어
最 高
- 高 높을 고

최고 : 가장 높음

 쓰는 순서에 맞게 예쁘게 따라 쓰세요.

총 8획	板 板 板 板 板 板 板 板

板	板						
널 판							

총 12획	最 最 最 最 最 最 最 最 最 最 最 最

最	最						
가장 최							

 다음 한자의 훈(뜻)과 음(소리)을 쓰세요.

板 훈_____ 음_____

最 훈_____ 음_____

 다음 의미에 해당하는 한자에 ○하세요.

01 가장 높음   最古 | 最高

02 알릴 내용을 붙이거나 걸게 만든 판   揭示物 | 揭示板

03 어떠한 사실을 알리기 위하여 표시를 해 놓은 판   標識板 | 表情板

04 얼마 아니 되는 지나간 날   最近 | 最根

탐험가: 마젤란과 아문센

연습문제

1 아문센이 얼음 조각을 깨뜨려 한자를 찾고 있어요. 한자의 훈음을 보고 아문센이 찾는 글자를 써 보세요.

2 한자의 기본 모양을 보고 한자를 완성하고 음을 써 보세요.

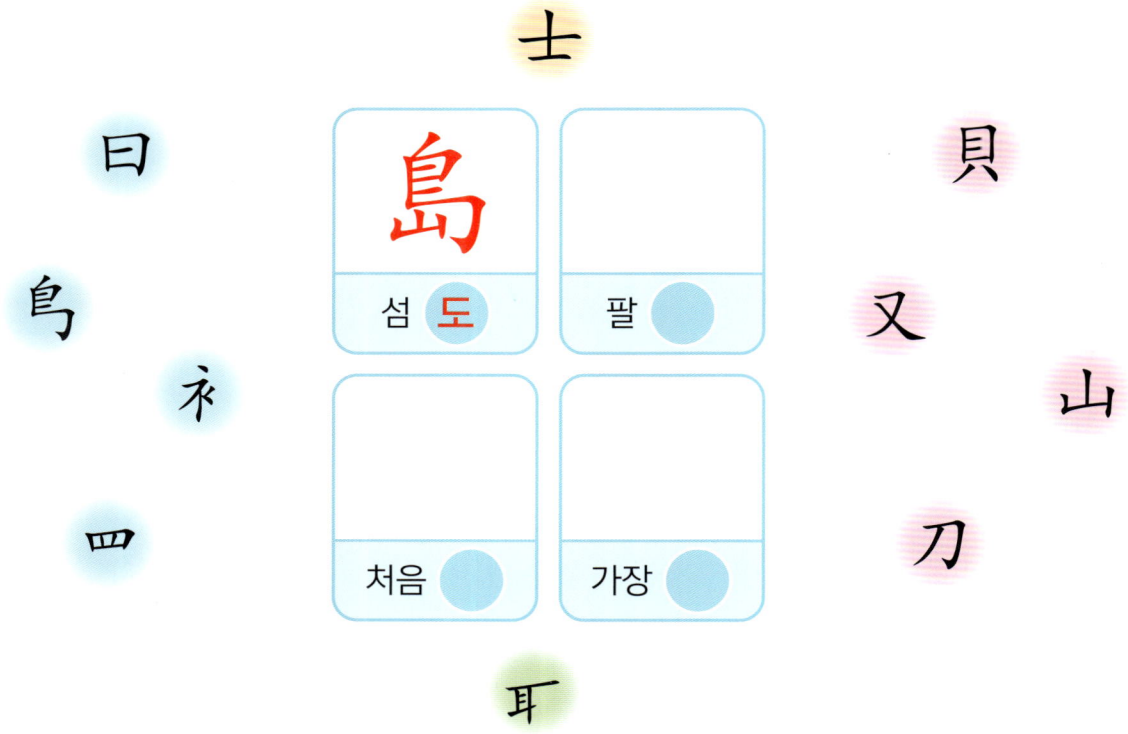

3 그림을 보고 의미에 해당하는 한자를 찾아 ○한 후 독음(읽는 소리)을 써 보세요.

4 얼음조각에 적힌 명령어를 보고 이동해야 합니다. 아문센이 다음 설명에 해당하는 명령어가 나왔을 때 마젤란은 어떤 명령어가 나와야 "한 칸" 더 앞서갈 수 있는지 명령어를 한글로 쓰세요.

最初 : 앞으로 1칸 이동
初代 : 앞으로 2칸 이동
資料 : 앞으로 3칸 이동
亡身 : 앞으로 4칸 이동
販賣 : 앞으로 5칸 이동
購買 : 앞으로 6칸 이동

▶ 아문센이 나온 명령어
 "말이나 행동을 잘못해 체면이나 명예를 잃음"
▶ 마젤란이 나와야 할 명령어는?

한국어문회 기출·예상문제

1 다음 한자의 훈과 음을 쓰세요.

01 板 훈_____ 음_____

02 初 훈_____ 음_____

03 料 훈_____ 음_____

2 다음 훈과 음을 가진 한자를 쓰세요.

01 망할 망 [　]   02 살 매 [　]

03 얼음 빙 [　]

3 교재 12쪽을 참고하여 다음 한자의 약자(略字)를 쓰세요.

01 賣 → [　]

4 다음 밑줄 친 한자어의 독음을 쓰세요.

01 김밥에 넣을 <u>材料</u>들을 길쭉하게 썰었다. [　]

02 여름 과일로는 수박이 <u>最高</u>라고 생각한다. [　]

03 나무 <u>板子</u>를 구해서 간단한 선반을 만들었다. [　]

04 <u>獨島</u>는 서른 여섯 개의 바위섬들로 이루어져 있다. [　]

05 <u>船長</u>은 긴 항해에 대비하여 음식을 넉넉히 실었다. [　]

5 다음 한자와 뜻이 반대(또는 상대)되는 한자를 보기에서 찾아 쓰세요.

보기　氷　賣　初　亡

01 買 ↔ [　]

02 [　] ↔ 興 흥할 흥[준4급]

6 다음 한자와 뜻이 같거나 비슷한 한자를 보기에서 찾아 쓰세요.

보기　亡　初　島　板

01 始 비로소 시[준6급] = [　]

02 滅 멸할 멸[준3급] = [　]

7 다음 제시한 한자어와 뜻에 맞는 동음어를 찾아 번호를 쓰세요.

보기 ❶ 線上 ❷ 死亡 ❸ 料理 ❹ 最古

01 船商 - ☐ : 그어놓은 줄이나 금의 위

02 四望 - ☐ : 사람이 죽음

8 다음 뜻에 맞는 한자어를 보기 에서 찾아 번호를 쓰세요.

보기 ❶ 半島 ❷ 賣買 ❸ 最上 ❹ 賣出

01 물건 따위를 팔고 사는 일 : ☐

02 삼면이 바다로 둘러싸이고 한 면은 육지에 연결된 땅 : ☐

9 다음 뜻을 가진 성어가 되도록 ☐ 안에 들어갈 한자어를 찾아 번호를 쓰세요.

보기 ❶ 最初 ❷ 氷山 ❸ 上船 ❹ 初聞

01 ☐☐ 一角 : 빙산의 뿔

02 今時 ☐☐ : 바로 지금 처음으로 들음

10 다음 밑줄 친 단어를 한자로 쓰세요.

보기 入 들 입[7급]   飮 마실 음[준6급]
      身 몸 신[7급]   近 가까울 근[6급]

01 탄산<u>음료</u>를 마셨더니 더 갈증이 난다. _____

02 쉬운 질문에도 대답을 못 해서 <u>망신</u>을 당했다. _____

03 밤부터 이어진 강추위로 곳곳에 <u>빙판</u>길이 생겼다. _____

04 <u>최근</u> 해외에서 우리나라 가수들의 인기가 대단하다. _____

05 <u>매입</u>한 상품의 가격과 수량을 상세히 기입해야 한다. _____

11 다음 한자의 진하게 표시한 획은 몇 번째 쓰는지 보기 에서 찾아 그 번호를 쓰세요.

보기 ❶ 첫 번째   ❷ 두 번째
      ❸ 세 번째   ❹ 네 번째
      ❺ 다섯 번째 ❻ 여섯 번째
      ❼ 일곱 번째 ❽ 여덟 번째
      ❾ 아홉 번째 ❿ 열 번째

01 板 ☐   02 島 ☐   03 料 ☐

한국교육진흥회 기출·예상문제

1 다음 한자와 음(소리)이 같은 한자를 고르세요.

01 島 ☐
① 板　② 速　③ 道　④ 料

02 初 ☐
① 買　② 最　③ 祖　④ 草

03 船 ☐
① 全　② 先　③ 氷　④ 賣

2 다음 한자의 뜻으로 알맞은 것을 고르세요.

01 買 ☐
① 팔다　② 사다　③ 빌리다　④ 타다

02 料 ☐
① 먹다　② 건너다　③ 헤아리다　④ 뛰다

03 亡 ☐
① 없다　② 망하다　③ 바라다　④ 자다

3 다음 한자와 뜻이 반대되거나 상대되는 한자를 고르세요.

01 末 끝 말[5급] ☐
① 賣　② 亡　③ 板　④ 初

4 보기 의 단어들과 가장 관련이 깊은 한자를 고르세요.

보기　팥빙수　남극　고드름

01 ① 料　② 氷　③ 島　④ 買 ☐

보기　등대　돛　파도

02 ① 船　② 賣　③ 板　④ 亡 ☐

5 다음 한자어의 독음(소리)으로 알맞은 것을 고르세요.

01 木板 ☐
① 빙판　② 목수　③ 목판　④ 수반

02 賣店 ☐
① 매점　② 독서　③ 상점　④ 매입

03 料理 ☐
① 요술　② 사리　③ 과목　④ 요리

6 ☐ 안에 들어갈 알맞은 한자를 고르세요.

01 독도는 한반도 의 최동단에 위치한 화산섬이다.
① 韓半島　② 漢半島
③ 韓班道　④ 漢反道

02 정확한 사망 원인은 조사 중이다.
① 四方　② 死亡　③ 死別　④ 事亡

7 다음 한자의 훈과 음을 한글로 쓰세요.

01 買 훈_____ 음_____

02 島 훈_____ 음_____

03 船 훈_____ 음_____

8 다음 훈과 음에 맞는 한자를 쓰세요.

01 팔 매 ☐ 02 널 판 ☐

03 가장 최 ☐

9 다음 한자어의 독음을 한글로 쓰세요.

01 最後 _____

02 賣買 _____

03 結氷 _____

10 다음 밑줄 친 한자를 의미에 맞는 한자로 고쳐 쓰세요. (단, 음이 같은 한자로 고칠 것)

01 아이들은 風<u>先</u>을 보고 깡충거리며 좋아했다. ☐

02 <u>草</u>等학교 주변에서는 감속 운전을 해야 한다. ☐

03 제주도는 예로부터 돌, 바람, 여자가 많아 三多<u>圖</u>라 부른다. ☐

11 다음 한자성어의 설명을 읽고 ☐에 들어갈 한자를 쓰세요.

敗家☐身 [패가망신] *敗 패할 패 [5급]

재산을 다 잃고 몸을 망침

12 다음 한자어의 알맞은 뜻을 고르세요.

區分 ☐

❶ 같은 무리끼리 모여 이루는 집단
❷ 기준에 따라 전체를 몇 개로 갈라 나눔
❸ 다른 것에 의존하지 아니하는 상태로 됨
❹ 사람이 만들지 않고 저절로 된 그대로의 현상

13 ☐ 안에 들어갈 알맞은 한자어를 고르세요.

사각형의 둘레와 넓이를 계산 하는 법을 배웠다.

❶ 角度 ❷ 結果 ❸ 計算 ❹ 歷史

料初賣買島船亡氷板最

문학가 : 셰익스피어와 안데르센

오덴세라는 작은 都市에서 태어난 안데르센은 배움이 부족한 상황에서도 틈틈이 글을 썼어요. 처음엔 사람들이 그의 글에 無關心했지만 그는 落心하지 않고 계속해서 글쓰기에 熱中했어요. 그는 卓월한 상상력을 바탕으로 170여 편의 동화를 발표하여 많은 사람들의 사랑을 받았어요.

> 불빛을 보니 행복한 꿈이 떠올라.

> 아이들의 마음에 닿는 글을 써야지.

문장 힌트를 읽고 그림 속에 숨은 한자를 찾아봅시다.

都	無	落	熱	卓	思	考	完	原	因
도읍 도	없을 무	떨어질 락	더울 열	높을 탁	생각 사	생각할 고	완전할 완	언덕 원	인할 인

셰익스피어는 런던에서 극작가 겸 배우로 활동하며 생계를 유지해 나가고 있었어요. 가족들이 연이어 세상을 떠나자 그는 인간의 존재와 죽음에 대해 깊이 思考하게 되었어요. 후에 유명한 4대 비극 작품을 完成했는데, 슬픈 가족사가 가장 큰 原因이 되었다고 해요.

문학가: 셰익스피어와 안데르센

낙(落)뢰를 동반한 소나기 후 여름 날의 열(熱)기가 좀 식은 것 같아요.

떨어질 락

- 부수: 艹(초두머리)
- 획수: 총 13획
- 中: 落(luò) 루어

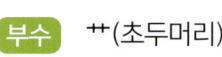

'떨어질 락'은 풀과 물, 들어가는 발을 그린 모양으로 나뭇잎이나 비가 떨어지다라는 의미를 가지고 있어요.

艹 + 洛 형성

더울 열

- 부수: 灬(연화발)
- 획수: 총 15획
- 中: 热(rè) 르어*

'더울 열'은 숲과 불을 그린 모양으로 덥다, 뜨겁다는 의미를 가지고 있어요.

埶 + 灬 형성

교과서 속 숨은 한자

사회 落選
'落'이 단어 첫머리에 올 때는 '낙'으로 읽어요.
選 가릴 선
낙선 : 선거에서 떨어짐

과학 落葉
葉 잎 엽
낙엽 : 떨어진 나뭇잎

국어 段落
段 층계 단
단락 : 긴 문장 중에 크게 끊는 곳

국어 熱心
心 마음 심
열심 : 어떤 일에 정신을 집중하는 일

과학 地熱
地 땅 지
지열 : 지구 안에 본디부터 가지고 있는 열

국어 熱帶林
帶 띠 대
林 수풀 림
열대림 : 열대 지방의 숲

 쓰는 순서에 맞게 예쁘게 따라 쓰세요.

총 13획 落落落落落落落落落落落落落

落 떨어질 락

총 15획 熱熱熱熱熱熱熱熱熱熱熱熱熱熱熱

熱 더울 열

 다음 한자의 훈(뜻)과 음(소리)을 쓰세요.

落 훈_____ 음_____

熱 훈_____ 음_____

 문장을 읽고 밑줄 친 한자의 독음을 써 보세요.

01 땅 속의 높은 열은 온천이나 **地熱** 발전에 이용되기도 합니다.

02 가을이 되면 **落葉**이 떨어집니다.

03 이 **段落**의 주제가 되는 문장을 찾아봅시다.

04 삼림의 무분별한 개발로 인해 **熱帶林**이 사라지고 있습니다.

도(都)시 곳곳에 무(無)궁화가 피었어요.

都
도읍 도

- 부수: 阝(우부방 읍)
- 획수: 총 12획
- 中: 都(dōu) 도우

者 + 阝 형성

'도읍 도'는 물가와 마을을 그린 모양으로 도읍, 도시라는 의미를 가지고 있어요.

無
없을 무

- 부수: 灬(연화발)
- 획수: 총 12획
- 中: 无(wú) 우

無 + 火 회의

'없을 무'는 양팔에 깃털을 달고 춤을 추는 제사장을 그린 모양이지만 현재는 없다라는 의미로 사용되며 '춤추다'는 '舞'를 사용해요.

교과서 속 숨은 한자

사회
首**都** 首 머리 수
수도 : 한 나라의 정부가 있는 도시

사회
都市 市 저자 시
도시 : 정치, 경제, 문화의 중심이 되는 사람이 많은 지역

역사
遷**都** 遷 옮길 천
천도 : 도읍을 옮김

사회
無窮花 窮 다할 궁 / 花 꽃 화
무궁화 : 우리나라(한국)의 국화

국어
無限 限 한할 한
무한 : 한도가 없음

도덕
無視 視 볼 시
무시 : 존재나 값어치를 알아주지 아니함

쓰는 순서에 맞게 예쁘게 따라 쓰세요.

| 총 12획 | 都 都 都 都 都 都 都 都 都 都 都 都 |

都	都						
도읍 도							

| 총 12획 | 無 無 無 無 無 無 無 無 無 無 無 無 |

無	無						
없을 무							

다음 한자와 의미가 상대/반대인 한자를 찾아 ○하세요.

都　市　農　到　　　無　空　有　樂

문장을 읽고 빈칸에 들어갈 알맞은 한자를 써넣어 한자어를 완성하세요.

01 어린이들에게는 ☐ 限한 가능성이 있어요.

02 고구려는 수도를 평양으로 遷 ☐ 했습니다.

03 비에 젖은 ☐ 市의 풍경이 멋집니다.

04 신호등을 ☐ 視하고 길을 건너는 것은 아주 위험합니다.

문학가: 셰익스피어와 안데르센 31

의사(思) 결정 전에는 충분한 숙고(考)의 시간이 필요해요.

생각 사

- 부수: 心(마음 심)
- 획수: 총 9획
- 中: 思(sī) 쓰

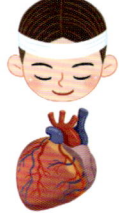

田 + 心 회의

'생각 사'는 사람의 머리와 마음을 그린 모양으로 깊게 생각한다는 의미를 가지고 있어요.

생각할 고

- 부수: 耂(늙을로엄)
- 획수: 총 6획
- 中: 考(kǎo) 카오

상형

'생각할 고'는 지팡이를 짚은 사람을 그린 모양으로 처음에는 노인이라는 의미를 가졌다가 깊이 헤아리다는 의미를 가지게 되었어요.

교과서 속 숨은 한자

意 思   意 뜻 의

의사 : 무엇을 하고자 하는 생각

思 考

사고 : 생각하고 궁리함

思 想   想 생각 상

사상 : 사유를 통하여 생겨나는 생각

考 慮   慮 생각할 려

고려 : 깊이 생각하여 헤아림

考 察   察 살필 찰

고찰 : 잘 생각해서 살핌

再 考   再 두 재

재고 : 어떤 일이나 문제를 다시 살핌

 **쓰는 순서에 맞게 예쁘게 따라 쓰세요.**

총 9획	思 思 思 思 思 思 思 思 思
思 생각 사	思

총 6획	考 考 考 考 考 考
考 생각할 고	考

落熱都無思考卓完原因

 **다음 한자와 의미가 유사한 한자를 찾아 ○하세요.**

思 念 事 意   考 思 苦 老

 **다음 문장의 한자 중에서 틀린 글자를 찾아 ○하고 바르게 고치세요.**

01 그 일의 **結果**(결과)는 너무나 뻔하므로 **再高**(재고)의 여지도 없다.

02 이번 회의에서 **意四**(의사) **進行**(진행)은 총무가 맡기로 했다.

03 그의 **作品**(작품)은 우리 민족의 **生活**(생활)과 **史想**(사상)을 담고 있다.

04 여행지는 **家族**(가족)의 의견을 **古慮**(고려)해서 정해요.

문학가: 셰익스피어와 안데르센 33

완(完)전 탁(卓)월한 선택이에요.

높을 탁

- 부수: 十(열 십)
- 획수: 총 8획
- 中: 卓(zhuō) 쭈어*

회의

'높을 탁'은 높은 곳에 있어서 잡지 못한 새를 그린 모양으로 높다라는 의미를 가지고 있어요.

완전할 완

- 부수: 宀(갓머리)
- 획수: 총 7획
- 中: 完(wán) 완

宀 + 元 형성

'완전할 완'은 집과 사람의 머리를 그린 모양으로 집짓기를 마치다는 의미를 가지고 있다가 이후 끝내다, 완결짓다는 의미를 가지게 되었어요.

교과서 속 숨은 한자

[체육] 卓球 — 球 공 구
탁구: 테이블 위에서 라켓으로 공을 쳐 넘기는 운동

[국어] 卓越 — 越 넘을 월
탁월: 월등하게 뛰어남

[국어] 教卓 — 教 가르칠 교
교탁: 교사가 수업할 때 쓰는 탁자

[도덕] 完成 — 成 이룰 성
완성: 완전히 다 이룸

[사회] 完工 — 工 장인 공
완공: 공사를 마침

[도덕] 完全 — 全 온전 전
완전: 부족하거나 흠이 없음

 **쓰는 순서에 맞게 예쁘게 따라 쓰세요.**

총 8획	卓 卓 卓 卓 卓 卓 卓 卓

卓	卓						
높을 **탁**							

총 7획	完 完 完 完 完 完 完

完	完						
완전할 **완**							

落熱都無思考卓完原因

 **다음 사자성어의 빈칸에 들어갈 알맞은 한자를 쓰세요.**

01　☐ 上 空 論

현실성이 없는 허황된 이론
* 論 논할 론(준4급)

02　口 無 ☐ 人

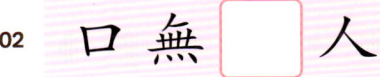

그 입에 오르면 온전한 사람이 없다, 남의 흠을 잘 들추는 사람을 이르는 말

 **다음 문장의 밑줄 친 부분을 한자로 쓰세요.**

01　선생님이 **교탁** 앞에 서서 출석을 부르십니다.

02　친구들과 함께 작품을 **완성**했어요.

03　많은 사람들이 **탁구** 경기 보는 것을 좋아합니다.

04　이 건물의 공사는 연말에 **완공** 예정입니다.

문학가: 셰익스피어와 안데르센

원(原)고가 소송을 제기한 원인(因)은 무엇인가요?

原
언덕 원

- 부수: 厂 (민엄호)
- 획수: 총 10획
- 中: 原(yuán) 위앤

厂 + 泉 형성

'언덕 원'은 물길이 시작되는 곳을 그린 모양으로 근원, 으뜸이라는 의미를 가지고 있어요.

因
인할 인

- 부수: 囗 (큰입구몸)
- 획수: 총 6획
- 中: 因(yīn) 인

囗 + 大 회의

'인할 인'은 침대에 누워있는 사람을 그린 모양으로 본래는 자리라는 의미를 가지고 있었으나 지금은 인하다, 말미암다는 의미를 가지고 있어요.

교과서 속 숨은 한자

[사회] 原理　理 다스릴 리
원리 : 사물의 근본이 되는 이치

[사회] 原産地　産 낳을 산 / 地 땅 지
원산지 : 물건의 생산지

[도덕] 原動力　動 움직일 동 / 力 힘 력
원동력 : 모든 활동의 근원이 되는 힘

[사회] 原因　原 언덕 원
원인 : 어떤 결과를 일으키는 근본이 된 일이나 사건

[국어] 因果　果 실과 과
인과 : 원인과 결과

[역사] 桓因　桓 굳셀 환
환인 : 단군 신화에 나오는 인물. 환웅의 아버지

 쓰는 순서에 맞게 예쁘게 따라 쓰세요.

총 10획 原 原 原 原 原 原 原 原 原 原

原	原					
언덕 원						

총 6획 因 因 因 因 因 因

因	因					
인할 인						

落熱都無思考卓完原因

 다음 한자와 발음이 같은 한자를 찾아 ◯하세요.

原 園 團 店   因 衣 人 國

 다음 의미에 해당하는 한자어를 찾아 ◯하세요.

01 원인과 결과   因果 | 人科

02 물건의 생산지   元山地 | 原産地

03 사물의 근본이 되는 이치   原理 | 元利

04 환웅의 아버지   桓因 | 桓忍

문학가: 셰익스피어와 안데르센

 **연습문제**

1 안데르센이 동화에 쓸 글자를 고르고 있어요. 훈음을 참고하여 바닥에 놓인 카드에서 찾아 한자를 완성하세요.

2 한자의 기본 모양을 보고 한자를 완성하고 음을 써 보세요.

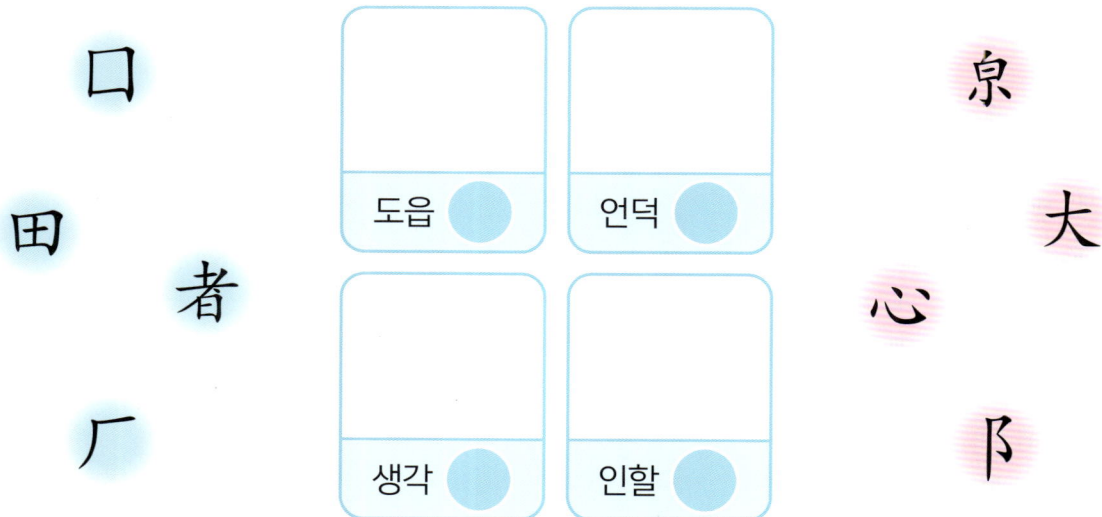

3 암호판을 참고하여 암호를 풀고 빈칸에 한자의 독음을 한글로 쓰세요.

4 셰익스피어의 4대 비극 책을 보고 있어요. 한자어의 뜻을 읽고, 그림 속에 숨어 있는 한자를 찾아 빈칸에 써 보세요.

 視 　존재나 값어치를 알아주지 아니함

 思 　생각하고 궁리함

 葉 　떨어진 나뭇잎

 心 　어떤 일에 정신을 집중하는 일

한국어문회 기출·예상문제

1 다음 한자의 훈과 음을 쓰세요.

01 落 　훈 _____ 　음 _____

02 都 　훈 _____ 　음 _____

03 卓 　훈 _____ 　음 _____

2 다음 훈과 음을 가진 한자를 쓰세요.

01 없을 무 　[　　]

02 인할 인 　[　　]

03 생각할 고 　[　　]

3 다음 밑줄 친 한자어의 독음을 쓰세요.

01 제품 조립에서 <u>完成</u>까지 삼십 분만에 마쳤다. [　　]

02 체육시간에 둘씩 짝을 지어 <u>卓球</u> 시합을 했다. [　　]

03 백제 시대에 이곳은 큰 궁궐이 있던 <u>都邑</u>이었다. [　　]

04 채소 가격 <u>急落</u>으로 농민들이 어려움을 겪고 있다. [　　]

05 공기는 <u>無色</u>무취로 평소에 존재감이 느껴지지 않는다. [　　]

4 다음 한자와 뜻이 반대(또는 상대)되는 한자를 보기에서 찾아 쓰세요.

보기 　都　落　考　因

01 登 ↔ [　　]

02 [　　] ↔ 農

5 다음 밑줄 친 한자와 뜻이 같거나 비슷한 한자를 보기에서 찾아 쓰세요.

보기 　無　完　熱　考

01 思 = [　　]

02 [　　] = 全

6 다음 제시한 한자어와 뜻에 맞는 동음어를 찾아 번호를 쓰세요.

보기: ❶ 熱風 ❷ 首都 ❸ 食卓 ❹ 思考

01 四苦 - ☐ : 생각하고 궁리함

02 水道 - ☐ : 한 나라의 중앙정부가 있는 도시

7 다음 뜻에 맞는 한자어를 보기에서 찾아 번호를 쓰세요.

보기: ❶ 完工 ❷ 熱中 ❸ 落花 ❹ 卓子

01 한 가지 일에 정신을 쏟음 : ☐

02 공사를 마침 : ☐

8 다음 뜻을 가진 성어가 되도록 ☐ 안에 들어갈 한자어를 찾아 번호를 쓰세요.

보기: ❶ 落法 ❷ 無言 ❸ 落葉 ❹ 高原

01 秋風 ☐ ☐ : 가을바람에 떨어지는 나뭇잎

02 有口 ☐ ☐ : 입은 있어도 할 말이 없다. 변명할 말이 없다.

9 다음 밑줄 친 단어를 한자로 쓰세요.

보기:
來 올 래[7급]   心 마음 심[7급]
有 있을 유[7급]   全 온전 전[7급]
市 저자 시[7급]

01 이 동네는 **원래** 조용했는데, 요즘 시끄러워졌다. _____

02 공부를 열심히 했는데 성적이 낮아서 **낙심**이 크다. _____

03 간단한 검사로 기계의 이상 **유무**를 확인할 수 있다. _____

04 끓는 물에 달걀을 **완전**히 익힌 것을 완숙이라고 한다. _____

05 서울은 약 천만 명의 인구가 모여 사는 큰 **도시**이다. _____

10 다음 한자의 진하게 표시한 획은 몇 번째 쓰는지 보기에서 찾아 그 번호를 쓰세요.

보기:
❶ 첫 번째 ❷ 두 번째 ❸ 세 번째
❹ 네 번째 ❺ 다섯 번째 ❻ 여섯 번째
❼ 일곱 번째 ❽ 여덟 번째 ❾ 아홉 번째
❿ 열 번째

01 卓 ☐   02 因 ☐   03 考 ☐

한국교육진흥회 기출·예상문제

1 다음 한자와 음(소리)이 같은 한자를 고르세요.

01 原
① 熱 ② 完 ③ 遠 ④ 速

02 考
① 無 ② 高 ③ 卓 ④ 落

03 思
① 事 ② 都 ③ 書 ④ 因

2 다음 한자의 뜻으로 알맞은 것을 고르세요.

01 卓
① 두다 ② 높다 ③ 마치다 ④ 서다

02 無
① 지나다 ② 가지다 ③ 춤추다 ④ 없다

03 落
① 오르다 ② 춥다 ③ 떨어지다 ④ 깊다

3 다음 한자와 뜻이 반대되거나 상대되는 한자를 고르세요.

01 因
① 都 ② 原 ③ 果 ④ 思

4 보기의 단어들과 가장 관련이 깊은 한자를 고르세요.

보기: 땀 찜질방 사막

01 ① 無 ② 熱 ③ 考 ④ 完

보기: 고층건물 서울 교통체증

02 ① 因 ② 思 ③ 都 ④ 農

5 다음 한자어의 독음(소리)으로 알맞은 것을 고르세요.

01 完成
① 인과 ② 원대 ③ 완전 ④ 완성

02 落下
① 낙불 ② 낙하 ③ 낙상 ④ 낙원

03 原作
① 원작 ② 원인 ③ 명작 ④ 완결

6 안에 들어갈 알맞은 한자를 고르세요.

01 회사의 무능 한 대응이 사태를 키웠다.
① 才能 ② 無形 ③ 無能 ④ 有能

02 여러 책을 참고 하여 완성했다.
① 年老 ② 參考 ③ 敬老 ④ 思考

7 다음 한자의 훈과 음을 한글로 쓰세요.

01 都 훈_____ 음_____

02 因 훈_____ 음_____

03 熱 훈_____ 음_____

8 다음 훈과 음에 맞는 한자를 쓰세요.

01 없을 무 ☐   02 생각 사 ☐

03 높을 탁 ☐

9 다음 한자어의 독음을 한글로 쓰세요.

01 都心 _____

02 熱氣 _____

03 卓上 _____

10 다음 밑줄 친 한자를 의미에 맞는 한자로 고쳐 쓰세요. (단, 음이 같은 한자로 고칠 것)

01 절벽 아래에 크고 작은 <u>樂</u>石들이 흩어져 있었다. ☐

02 그는 작품의 <u>遠</u>本을 박물관에 기증했다. ☐

03 독서와 토론은 思<u>古</u>力 발달에 큰 도움이 된다. ☐

11 다음 한자성어의 설명을 읽고 ☐에 들어갈 한자를 쓰세요.

三☐一言 [삼사일언]

세 번 생각하고 한 번 말하라는 뜻으로, 말은 신중히 해야 한다는 말

12 다음 한자어의 알맞은 뜻을 고르세요.

便紙 ☐

① 높여 귀중하게 대함
② 서로 마음과 힘을 하나로 합함
③ 안부, 소식, 용무 따위를 적어 보내는 글
④ 앞으로의 일을 어떻게 할 것인가를 미리 정함

13 ☐ 안에 들어갈 알맞은 한자어를 고르세요.

열차의 고장 원인 을 아직 찾지 못했다.

① 原因   ② 時調   ③ 約束   ④ 自然

落 熱 都 無 思 考 卓 完 原 因

3단계 미술·건축가 : 가우디와 피카소

스페인의 천재 建축가 가우디는 바르셀로나를 중심으로 독특한 건축물을 많이 남겼어요. 그는 자연스러운 曲線의 아름다움을 건축물에 녹여냈고 주변 景致와의 조화를 중요시했어요. 雄장한 사그라다 파밀리아 성당은 그의 대표작으로 유럽에서 가장 유명한 건축물이 되었어요.

> 자연처럼 빛과 곡선이 춤추는 집을 만들 거야.

문장 힌트를 읽고 그림 속에 숨은 한자를 찾아봅시다.

建	曲	景	致	雄	賞	示	他	改	善
세울 건	굽을 곡	볕 경	이를 치	수컷 웅	상줄 상	보일 시	다를 타	고칠 개	착할 선

피카소는 미술학교에서 대회 때마다 모든 賞을 휩쓸고, 스무 살 전에는 展示會까지 열었어요. 어느 날 그는 원근법이 아닌 자신만의 방법으로 입체감을 표현한 작품을 그리기 시작했어요. 他人들의 비웃는 시선에도 아랑곳하지 않고 改善을 거듭하여 입체주의의 선구자가 되었어요.

미술·건축가: 가우디와 피카소

경치(致)가 좋은 곳에 예쁜 건(建)물을 짓고 싶어요.

이를 치

- 부수: 至(이를 지)
- 획수: 총 10획
- 中: 致(zhì) 쯔*

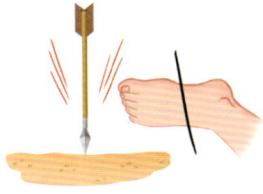

至 + 攵 형성

'이를 치'는 至(이를 지)와 攵(뒤쳐져 올 치)가 결합한 글자로 발걸음이 어느 지점에 도달했다는 의미를 가지고 있어요.

세울 건

- 부수: 廴(민책받침)
- 획수: 총 9획
- 中: 建(jiàn) 지엔

廴 + 聿 회의

'세울 건'은 도로와 붓을 그린 모양으로 도로를 설계하다는 의미였다가 세우다라는 의미를 가지게 되었어요.

교과서 속 숨은 한자

수학

一 致 — 一 한 일

일치 : 어긋남이 없이 한결같게 서로 맞음

국어

筆 致 — 筆 붓 필

필치 : 필세의 운치. 글솜씨의 됨됨이

국어

才 致 — 才 재주 재

재치 : 눈치빠른 재주

사회

建 物 — 物 물건 물

건물 : 땅 위에 세운 집

사회

建 議 — 議 의논할 의

건의 : 의견을 말함

국어

建 築 — 築 쌓을 축

건축 : 흙, 나무, 돌 등을 써서 집, 성, 다리 등을 지음

 쓰는 순서에 맞게 예쁘게 따라 쓰세요.

총 10획 致 致 致 致 致 致 致 致 致 致

致	致						
이를 치							

총 9획 建 建 建 建 建 建 建 建 建

建	建						
세울 건							

 다음 한자와 의미가 유사한 한자를 찾아 ○하세요.

致 到 始 過   建 運 立 近

 문장을 읽고 밑줄 친 한자의 독음을 써 보세요.

01 그는 언제나 말과 행동이 <u>一致</u> 해.

02 추사 김정희의 <u>筆致</u> 에서 호방함이 느껴져.

03 태화루는 고려 시대에 성종이 다녀간 <u>建物</u> 이야.

04 나는 학교에 도서관이 생겼으면 좋겠다고 <u>建議</u> 했어.

타(他)인의 말을 왜곡(曲)하여 전달하면 안 됩니다.

他 다를 타

- 부수: 亻(사람인변)
- 획수: 총 5획
- 中: 他(tā) 타

人 + 也 형성

'다를 타'는 人(사람 인)과 也(어조사 야)가 결합된 글자로 다르다는 의미를 가지고 있어요.

曲 굽을 곡

- 부수: 曰(가로 왈)
- 획수: 총 6획
- 中: 曲(qū) 취

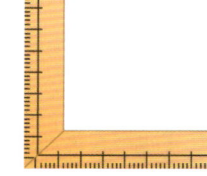

상형

'굽을 곡'은 길이를 측정하는 자를 그린 모양으로 굽다, 바르지 않다는 의미를 가지고 있어요.

교과서 속 숨은 한자

 쓰는 순서에 맞게 예쁘게 따라 쓰세요.

총 5획	他 他 他 他 他

他	他					
다를 타						

총 6획	曲 曲 曲 曲 曲 曲

曲	曲					
굽을 곡						

서로 반대(상대)되는 한자를 찾아 선으로 연결하세요.

他 •　　　　　• 直

曲 •　　　　　• 自

다음 문장의 한자 중에서 틀린 글자를 찾아 ◯하고 바르게 고치세요.

01 韓服(한복)은 우아한 由線(곡선)미가 돋보이는 옷이다.

02 其也(기타) 자세한 內容(내용)은 別紙(별지)를 참고하세요.

03 利己(이기)주의자는 항상 지쳐있지만, 利地(이타)주의자들은 항상 여유롭다.

04 <동심초>는 우리 나라의 代表(대표)적인 歌典(가곡)이다.

예시(示)로 경(景)치가 좋은 여러 곳을 보여주었습니다.

볕 경

- 부수: 日(날 일)
- 획수: 총 12획
- 中: 景(jǐng) 징

景 景
日 + 京 형성

'볕 경'은 햇볕이 내리쬐는 건물을 그린 모양으로 볕, 햇살이라는 의미를 가지고 있어요.

보일 시

- 부수: 示(보일 시)
- 획수: 총 5획
- 中: 示(shì) 스*

于 丅 示 示
상형

'보일 시'는 제사를 지내는 제단을 그린 모양으로 보이다는 의미를 가지고 있지만 부수로 사용되면 신, 제사와 관련된 의미를 가져요.

교과서 속 숨은 한자

사회

景 致 致 이를 치

경치 : 산, 들, 강 같은 자연의 모습

사회

景 福 宮 福 복 복 / 宮 집 궁

경복궁 : 조선시대 왕이 살던 궁전

미술

背 景 背 등 배

배경 : 뒤쪽의 경치

도덕

例 示

'例'가 단어 첫머리에 올 때는 '예'로 읽어요.
例 법식 례(예)

예시 : 예를 들어 보임

과학

提 示 提 끌 제

제시 : 어떠한 의사를 말이나 글로 나타내어 보임

사회

表 示 表 겉 표

표시 : 겉으로 드러내 보임

 **쓰는 순서에 맞게 예쁘게 따라 쓰세요.**

총 12획 景景景景景景景景景景景景

景	景					
볕 경						

총 5획 示示示示示

示	示					
보일 시						

 **다음 한자와 음(소리)이 같은 글자를 찾아 ◯하세요.**

景 京 票 原

示 木 市 米

 **다음 문장의 밑줄 친 부분을 한자로 쓰세요.**

01 그 소설의 **배경**은 조선 후기이다.

02 **경복**궁은 총 면적이 13만 평이다.

03 선생님이 **예시**를 들어 설명해 주셨다.

04 출입금지라고 **표시**되어 있는 곳으로는 가면 안 됩니다.

나라를 구한 영웅(雄)에게 큰 상(賞)을 주었습니다.

雄 수컷 웅

- 부수: 隹(새 추)
- 획수: 총 12획
- 中: 雄(xióng) 시옹

厷 + 隹 형성

'수컷 웅'은 굳세다, 용감하다는 의미를 가지고 있어요.

賞 상줄 상

- 부수: 貝(조개 패)
- 획수: 총 15획
- 中: 赏(shǎng) 샹*

尚 + 貝 형성

'상줄 상'은 창문이 있는 집과 재물을 그린 모양으로 상으로 받은 재물이 집 앞마당에 있음을 표현하고 있어요.

교과서 속 숨은 한자

사회
大 雄 殿
大 큰 대
殿 전각 전
대웅전 : 절에서 본존 불상을 모신 법당

미술
雄 壯
壯 장할 장
웅장 : 규모가 거대함

역사
群 雄
群 무리 군
군웅 : 같은 시대에 여기저기에서 일어난 영웅들

미술
鑑 賞
鑑 거울 감
감상 : 예술 작품을 이해하여 즐기고 평가함

국어
賞 狀
狀 형상 상 / 문서 장
상장 : 상을 주는 뜻을 표하여 주는 증서

국어
副 賞
副 버금 부
부상 : 상장에 덧붙여 주는 상금이나 상품

 쓰는 순서에 맞게 예쁘게 따라 쓰세요.

| 총 12획 | 雄 雄 雄 雄 雄 雄 雄 雄 雄 雄 雄 雄 |

雄
수컷 웅

| 총 15획 | 賞 賞 賞 賞 賞 賞 賞 賞 賞 賞 賞 賞 賞 賞 賞 |

賞
상줄 상

 다음 한자의 훈(뜻)과 음(소리)을 쓰세요.

雄 훈_____ 음_____

賞 훈_____ 음_____

 다음 의미에 해당하는 한자에 ○하세요.

01 같은 시대에 여기저기에서 일어난 영웅들   群雄 ┆ 軍雄

02 절에서 본존 불상을 모신 법당   大雄殿 ┆ 大門

03 본상에 딸린 상금이나 상품   父商 ┆ 副賞

04 예술 작품을 이해하여 즐기고 평가함   感想 ┆ 鑑賞

미술·건축가: 가우디와 피카소

과거의 잘못을 회**개(改)**하고 **선(善)**행을 베풀기로 했어요.

고칠 개

- 부수: 攵(칠 복)
- 획수: 총 7획
- 中: 改(gǎi) 가이

己 + 攵 형성

'고칠 개'는 어린 아이와 회초리를 그린 모양으로 잘못을 바로잡다, 고치다는 의미를 가지고 있어요.

착할 선

- 부수: 口(입 구)
- 획수: 총 12획
- 中: 善(shàn) 샨*

羊 + 口 회의

'착할 선'은 양과 눈을 그린 모양으로 양의 눈망울을 가진 착하고 선한 사람, 착하다는 의미를 가지고 있어요.

교과서 속 숨은 한자

사회 改 善 善 착할 선

개선 : 어떤 것을 더 좋게 만들거나 향상시키는 것

사회 改 革 革 가죽 혁

개혁 : 제도나 관습을 근본적으로 바꾸거나 고치는 것

도덕 悔 改 悔 뉘우칠 회

회개 : 잘못을 뉘우치고 고침

도덕 善 行 行 다닐 행

선행 : 착하고 어진 행실

사회 最 善 最 가장 최

최선 : 가장 좋음. 가장 적합함

사회 僞 善 僞 거짓 위

위선 : 겉으로만 하는 착한 일

 쓰는 순서에 맞게 예쁘게 따라 쓰세요.

총 7획 改 改 改 改 改 改 改

改	改					
고칠 개						

총 12획 善 善 善 善 善 善 善 善 善 善 善 善

善	善					
착할 선						

3 致建他曲景示雄賞改善

 다음 사자성어의 빈칸에 들어갈 한자를 보기에서 찾아 써 보세요.

보기
改 開
鮮 善

개과천선 : 지난날의 잘못이나 허물을 고쳐 올바르고 착하게 됨.
* 遷 옮길 천(준3급)

 다음 의미에 해당하는 한자어를 찾아 ○하세요.

01 착하고 어진 행실   先行 | 善行

02 뉘우치고 고침   悔改 | 會計

03 어떤 것을 더 좋게 만들거나 향상시키는 것   改善 | 開船

04 가장 좋거나 가장 적합함   最先 | 最善

미술·건축가: 가우디와 피카소 55

연습문제

1 사그리다 파밀리아 성당을 가야 해요. 훈음에 맞는 한자를 따라가면 길이 나와요.

2 한자의 기본 모양을 보고 한자를 완성하고 음을 써 보세요.

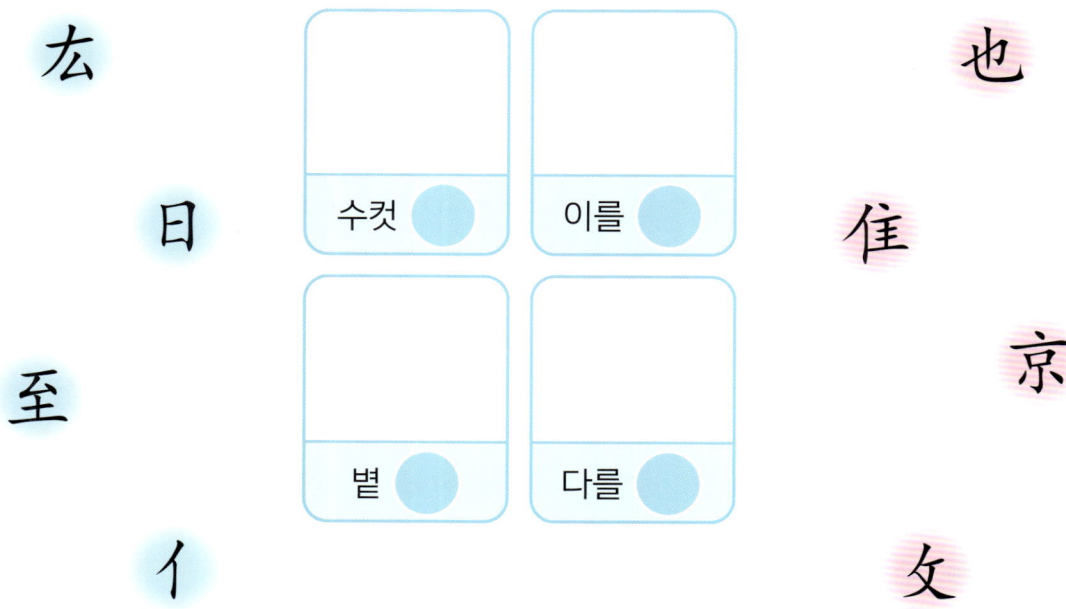

3 다음 퀴즈의 답을 바르게 적은 친구를 찾아 O 하세요.

4 피카소 그림을 본 친구의 설명을 읽고 빈칸에 들어갈 한자의 독음을 한글로 쓰세요.

한국어문회 기출·예상문제

1 다음 한자의 훈과 음을 쓰세요.

01 致 훈_____ 음_____

02 賞 훈_____ 음_____

03 善 훈_____ 음_____

2 다음 훈과 음을 가진 한자를 쓰세요.

01 굽을 곡 [ ] 02 보일 시 [ ]

03 다를 타 [ ]

3 다음 밑줄 친 한자어의 독음을 쓰세요.

01 고려자기는 허리 부분이 잘록해서 <u>曲線</u>의 미가 돋보인다. [ ]

02 김 사장은 불우한 이웃을 위해 <u>善行</u>을 베풀며 살고 있다. [ ]

03 박물관에서 개관 백 주년을 맞아 특별 <u>展示會</u>를 개최한다. [ ]

04 광복절을 맞이하여 민족의 <u>英雄</u>들을 기리는 행사가 열렸다. [ ]

05 부모님은 항상 나에게 <u>利他心</u>을 가지고 행동하라고 말씀하신다. [ ]

4 다음 한자와 뜻이 반대(또는 상대)되는 한자를 보기에서 찾아 쓰세요.

보기 曲 他 示 雄

01 自 ↔ [ ]

02 [ ] ↔ 直

5 다음 밑줄 친 한자와 뜻이 같거나 비슷한 한자를 보기에서 찾아 쓰세요.

보기 建 景 致 善

01 陽 = [ ]

02 [ ] = 良

6 다음 제시한 한자어와 뜻에 맞는 동음어를 찾아 번호를 쓰세요.

보기 ❶ 善惡 ❷ 公示 ❸ 展示 ❹ 夜景

01 戰時 - ☐ : 여러 가지 물품을 한 곳에 벌여 놓고 보임

02 仙樂 - ☐ : 착한 것과 악한 것을 아울러 이르는 말

7 다음 뜻에 맞는 한자어를 보기 에서 찾아 번호를 쓰세요.

보기 ❶ 景致 ❷ 作曲 ❸ 歌曲 ❹ 雪景

01 음악 작품을 창작하는 일 : ☐
02 눈이 내리거나 눈이 쌓인 경치 : ☐

8 다음 뜻을 가진 성어가 되도록 ☐ 안에 들어갈 한자어를 찾아 번호를 쓰세요.

보기 ❶ 曲直 ❷ 曲線 ❸ 出他 ❹ 他國

01 萬里 ☐ ☐ : 조국이나 고향에서 멀리 떨어져 있는 다른 나라

02 不問 ☐ ☐ : 옳고 그름을 따지지 아니함

9 다음 밑줄 친 단어를 한자로 쓰세요.

보기
金 쇠 금[8급]   歌 노래 가[7급]
國 나라 국[8급]   名 이름 명[7급]

01 유정이는 글짓기 대회에 나가 **금상**을 수상했다. _____

02 성악가가 우아한 목소리로 **가곡**을 부르기 시작했다. _____

03 태조는 나라를 **건국**한 첫 번째 왕한테 붙이는 이름이다. _____

04 산 정상에 오르니 멋진 **경치**가 펼쳐졌다. _____

05 이름이 촌스럽다고 놀려서 **개명**하기로 결정했다. _____

10 다음 한자의 진하게 표시한 획은 몇 번째 쓰는지 보기 에서 찾아 그 번호를 쓰세요.

보기
❶ 첫 번째   ❷ 두 번째
❸ 세 번째   ❹ 네 번째
❺ 다섯 번째 ❻ 여섯 번째
❼ 일곱 번째 ❽ 여덟 번째
❾ 아홉 번째 ❿ 열 번째

01 賞 ☐   02 曲 ☐   03 建 ☐

한국교육진흥회 기출 · 예상문제

1 다음 한자와 음(소리)이 같은 한자를 고르세요.

01 景 ☐
① 敬 ② 定 ③ 賞 ④ 戰

02 改 ☐
① 示 ② 界 ③ 旗 ④ 開

03 賞 ☐
① 長 ② 建 ③ 相 ④ 放

2 다음 한자의 뜻으로 알맞은 것을 고르세요.

01 致 ☐
① 세다 ② 이르다 ③ 오르다 ④ 뻗다

02 示 ☐
① 듣다 ② 보이다 ③ 가리다 ④ 묻다

03 曲 ☐
① 남기다 ② 모이다 ③ 곧다 ④ 굽다

3 다음 한자와 뜻이 반대되거나 상대되는 한자를 고르세요.

01 善 ☐
① 他 ② 惡 ③ 思 ④ 雄

4 보기 의 단어들과 가장 관련이 깊은 한자를 고르세요.

보기 트로피 칭찬 메달

01 ① 景 ② 賞 ③ 雄 ④ 建 ☐

보기 양보 봉사활동 천사

02 ① 善 ② 致 ③ 示 ④ 曲 ☐

5 다음 한자어의 독음(소리)으로 알맞은 것을 고르세요.

01 雄大 ☐
① 웅천 ② 웅장 ③ 강대 ④ 웅대

02 致命 ☐
① 지명 ② 지금 ③ 치명 ④ 명령

03 他界 ☐
① 지계 ② 타계 ③ 타도 ④ 경사

6 ☐ 안에 들어갈 알맞은 한자를 고르세요.

01 개념을 쉽게 설명하기 위해 몇 가지 예시 를 들었다.
① 例文 ② 表現 ③ 例示 ④ 展示

02 이 건물 은 디자인이 독특하다.
① 建物 ② 場所 ③ 建國 ④ 植物

7 다음 한자의 훈과 음을 한글로 쓰세요.

01 他 훈_____ 음_____

02 雄 훈_____ 음_____

03 善 훈_____ 음_____

8 다음 훈과 음에 맞는 한자를 쓰세요.

01 상줄 상 ☐ 02 세울 건 ☐

03 고칠 개 ☐

9 다음 한자어의 독음을 한글로 쓰세요.

01 重建 _____

02 銀賞 _____

03 改良 _____

10 다음 밑줄 친 한자를 의미에 맞는 한자로 고쳐 쓰세요. (단, 음이 같은 한자로 고칠 것)

01 우승팀이 받은 相金은 전액 기부되었다. ☐

02 유통기한이 눈에 잘 띄게 表市되어 있다. ☐

03 시골길을 걸으며 한적한 들판의 風京을 즐겼다. ☐

11 다음 한자성어의 설명을 읽고 ☐에 들어갈 한자를 쓰세요.

言行一☐ [언행일치]

말과 행동이 하나로 들어맞음, 또는 말한 대로 실행함

12 다음 한자어의 알맞은 뜻을 고르세요.

曲線 ☐

❶ 일정한 범위에 흩어져 퍼져 있음
❷ 모나지 아니하고 부드럽게 굽은 선
❸ 제기된 문제를 해명하거나 얽힌 일을 잘 처리함
❹ 어떤 일이나 사태에 맞추어 태도나 행동을 취함

13 ☐ 안에 들어갈 알맞은 한자어를 고르세요.

수학 시간에 분수 의 덧셈과 뺄셈을 배웠다.

❶ 背景 ❷ 分類 ❸ 分數 ❹ 公演

致建他曲景示雄賞改善

4단계 종교·박애 : 헬렌 켈러와 마더 테레사

헬렌 켈러는 보지도 듣지도 말하지도 못하는 장애로 세상의 冷冷한 시선을 받으며 자랐어요. 하지만 남보다 몇 倍의 노력을 기울인 끝에 固定 관념을 깨고 하버드대학교를 졸업했어요. 그녀는 불편한 몸으로 자신과 같은 장애인의 再活과 복지사업에 終身토록 힘을 쏟았어요.

장애는 한계가 아닌, 새로운 시작입니다.

나도 선생님처럼 끝까지 도전할래!

문장 힌트를 읽고 그림 속에 숨은 한자를 찾아봅시다.

冷	倍	固	再	終	院	許	可	患	貴
찰 랭	곱 배	굳을 고	두 재	마칠 종	집 원	허락할 허	옳을 가	근심 환	귀할 귀

테레사는 수녀가 된 후 수녀院長의 許可를 받아 인도의 켈커타라는 빈민가로 들어갔어요. 그곳에서 빈민, 고아, 患者를 간호하며 그들 역시 高貴한 존재라는 것을 느끼게 해주었어요. 그녀의 인류에 대한 사랑과 헌신은 1979년 노벨평화상을 수상하며 국제적으로 인정받았어요.

책을 읽으며 작가의 고(固)유한 매력을 재(再)발견했어요.

굳을 고

- 부수: 口(큰입구 몸)
- 획수: 총 8획
- 中: 固(gù) 꾸

口 + 古 형성

'굳을 고'는 오래도록 유지되어야 하는 것을 성벽으로 둘러싸 외부로부터 차단하는 모양을 그린 것으로 굳다라는 의미를 가지고 있어요.

두 재

- 부수: 冂(멀경 몸)
- 획수: 총 6획
- 中: 再(zài) 짜이

상형

'두 재'는 물고기의 위아래에 선을 그린 모양으로 물고기가 반복적으로 왔다 갔다 한다는 데서 다시 또 라는 의미로 쓰이게 되었어요.

교과서 속 숨은 한자

사회

確 固 　確 굳을 확

확고 : 튼튼하고 굳음

국어

頑 固 　頑 완고할 완

완고 : 성질이 완강하고 고루함

과학

固 體 　體 몸 체

고체 : 일정한 모양과 부피를 가진 물체

사회

再 審 　審 살필 심

재심 : 한 번 심사하였던 것을 다시 심사함

과학

再 生 　生 날 생

재생 : 낡거나 못쓰게 된 물건을 가공하여 다시 쓰게 함

국어

再 會 　會 모일 회

재회 : 다시 만남

 쓰는 순서에 맞게 예쁘게 따라 쓰세요.

총 8획	固 固 固 固 固 固 固 固						
固	固						
굳을 고							

총 6획	再 再 再 再 再 再						
再	再						
두 재							

 다음 한자와 뜻은 같지 않지만 음(소리)이 같은 한자를 찾아 ○하세요.

 다음 의미에 해당하는 한자에 ○하세요.

01 한 번 심사하였던 것을 다시 심사함 　　　再審 ｜ 材心

02 성질이 완강하고 고루함 　　　完考 ｜ 頑固

03 일정한 모양과 부피를 가진 물체 　　　古體 ｜ 固體

04 낡거나 못쓰게 된 물건을 가공하여 다시 쓰게 함 　　　再生 ｜ 在生

종교 · 박애: 헬렌 켈러와 마더 테레사

병원(院)비가 두 배(倍)로 올랐어요.

倍
곱 배

- 부수: 亻(사람인변)
- 획수: 총 10획
- 中: 倍(bèi) 뻬이

人 + 音 형성

'곱 배'는 남을 배반하거나 반대하면 갑절로 돌아온다는 의미로 곱, 갑절이라는 의미를 가지고 있어요.

院
집 원

- 부수: 阝(좌부변)
- 획수: 총 10획
- 中: 院(yuàn) 위엔

阝 + 完 형성

'집 원'은 완벽하게 잘 지은 집을 그린 모양으로 집이라는 의미를 가지고 있어요.

교과서 속 숨은 한자

[수학] 倍數 — 數 셈 수
배수: 어떤 수의 갑절이 되는 수

[과학] 倍率 — 率 비율 률(율)
모음이나 'ㄴ' 받침 뒤에 이어지는 '렬, 률'은 '열, 율'로 표기해요.
배율: 물체와 상 크기의 비율

[국어] 倍加 — 加 더할 가
배가: 갑절 또는 몇 배로 늘어남

[사회] 寺院 — 寺 절 사
사원: 종교의 교당을 이르는 말

[사회] 法院 — 法 법 법
법원: 소송 사건을 심판하는 국가 기관

[국어] 上院寺 — 上 윗 상, 寺 절 사
상원사: 강원도 평창면 오대산에 있는 절

 쓰는 순서에 맞게 예쁘게 따라 쓰세요.

| 총 10획 | 倍 倍 倍 倍 倍 倍 倍 倍 倍 倍 |

倍	倍								
곱 배									

| 총 10획 | 院 院 院 院 院 院 院 院 院 院 |

院	院								
집 원									

 다음 한자의 훈(뜻)과 음(소리)을 쓰세요.

倍 훈_____ 음_____

院 훈_____ 음_____

 문장을 읽고 밑줄 친 한자의 독음을 써 보세요.

01 9는 3의 <u>倍數</u>입니다.

02 승리를 거둔 후 친구와 함께 나누어 기쁨을 <u>倍加</u>시켰습니다.

03 노트르담 성당은 천주교 <u>寺院</u>입니다.

04 우리 아버지는 <u>法院</u>에서 근무하십니다.

법안이 가(可)결되자 분위기가 냉랭(冷)해졌어요.

옳을 가

- 부수: 口(입 구)
- 획수: 총 5획
- 中: 可(kě) 크어

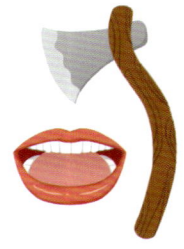 

口 + 丁 회의

'옳을 가'는 도끼와 입이 결합한 글자로 원래는 흥얼거리다는 의미로 쓰이다가 나중에 옳다, 허락하다로 쓰이게 되었어요.

찰 랭

- 부수: 冫(이수변)
- 획수: 총 7획
- 中: 冷(lěng) 렁

 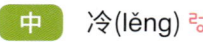

冫+ 令 형성

'찰 랭'은 얼음과 명령을 내리는 군주를 그린 모양으로 냉혹하게 명령을 내리는 군주를 빗대어 차다라는 의미를 가지고 있어요.

교과서 속 숨은 한자

사회
可 能 能 능할 능
가능 : 할 수 있거나 될 수 있음

사회
可 決 決 결단할 결
가결 : 회의에서, 제출된 안건이 합당하다고 결정함

도덕
不 可 不 아닐 불(부)
불가 : 옳지 않음, 가능하지 않음

국어
冷 冷
'冷'이 단어 첫머리에 올 때는 '냉'으로 읽어요.
냉랭 : 쌀쌀하게 찬 모양

사회
冷 麵 麵 국수 면
냉면 : 차게 먹는 국수. 평양냉면, 함흥냉면이 유명함

과학
冷 却 却 물리칠 각
냉각 : 차게 하는 것. 또는 식히는 것

 쓰는 순서에 맞게 예쁘게 따라 쓰세요.

총 5획 可 可 可 可 可

可	可					
옳을 가						

총 7획 冷 冷 冷 冷 冷 冷 冷

冷	冷					
찰 랭						

 다음 한자와 의미가 반대인 한자를 찾아 ○하세요.

可 河 不 家   冷 溫 令 氷

 다음 문장의 밑줄 친 부분을 한자로 쓰세요.

01 친구의 한 마디에 교실 분위기가 **냉랭**해졌다.

02 그 병은 완치가 **가능**하다고 들었다.

03 기체가 **냉각**되어 액체로 변하였다.

04 이곳은 주차 **불가** 지역이다.

귀(貴)중한 유물을 옮기는 것이 허(許)락되었습니다.

허락할 허

- 부수: 言(말씀 언)
- 획수: 총 11획
- 中: 许(xǔ) 쉬

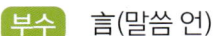
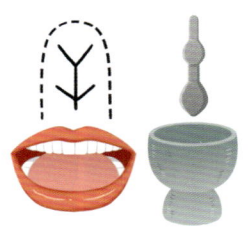

言 + 午 형성

'허락할 허'는 사람의 입과 절굿공이를 그린 모양으로 원래는 어영차 같은 의성어로 쓰이다가 나중에 바라다, 허락하다는 의미를 가지게 되었어요.

귀할 귀

- 부수: 貝(조개 패)
- 획수: 총 12획
- 中: 贵(guì) 꾸이

虫 + 貝 형성

'귀할 귀'는 양손으로 흙을 감싸고 있는 모습을 그린 모양으로 귀하다는 의미를 가지고 있어요.

교과서 속 숨은 한자

特許 — 特 특별할 특

특허 : 특정한 사람에게 새롭고 특별한 권리를 주는 것

許容 — 容 얼굴 용

허용 : 허락하여 받아들임

許可 — 可 옳을 가

허가 : 행동이나 일을 하도록 허용함

貴下 — 下 아래 하

귀하 : 상대방을 높여 부르는 말

貴賤 — 賤 천할 천

귀천 : 부귀와 빈천

貴重 — 重 무거울 중

귀중 : 귀하고 소중함

 쓰는 순서에 맞게 예쁘게 따라 쓰세요.

총 11획 許許許許許許許許許許許

許
허락할 허

총 12획 貴貴貴貴貴貴貴貴貴貴貴貴

貴
귀할 귀

4
固再倍院可冷許貴終患

 다음 한자와 의미가 유사한 한자를 찾아 ○하세요.

貴 高 責 買   許 改 可 禁

 문장을 읽고 빈칸에 들어갈 알맞은 한자를 써넣어 한자어를 완성하세요.

01 우리 팀은 경기 종료 5분 전 결승골을 ☐ 容하여 본선 진출에 실패했다.

02 이 운동장은 학교의 ☐ 可 없이는 들어갈 수 없다.

03 흥선대원군은 권력을 잡자 신분의 ☐ 賤을 가리지 않고 인재를 등용했다.

04 ☐ 下의 가정에 행복과 사랑이 가득하기를 기원합니다.

종교 · 박애: 헬렌 켈러와 마더 테레사 71

하루 종(終)일 아버지의 환(患)후에 대한 검사를 했습니다.

마칠 종

- 부수: 糸(가는 실 멱)
- 획수: 총 11획
- 中: 终(zhōng) 종*

糸 + 冬 형성

'마칠 종'은 새끼줄 양끝을 묶은 모양을 본뜬 글자로, 끝을 뜻해요. 이 글자가 겨울을 나타내게 되면서, 앞에 糸(실 사)를 더해 사용하게 되었어요.

근심 환

- 부수: 心(마음 심)
- 획수: 총 11획
- 中: 患(huàn) 환

串 + 心 형성

'근심 환'은 꼬챙이가 심장까지 관통한 모습을 그린 모양으로 병이나 근심이 있음을 의미하고 있어요.

교과서 속 숨은 한자

국어

終 日   日 날 일

종일 : 아침부터 저녁까지의 사이

국어

臨 終   '臨'이 단어 첫머리에 올 때는 '임'으로 읽어요.
臨 임할 림(임)

임종 : 죽음을 맞이함

사회

終 點   點 점 점

종점 : 기차, 버스 등 운행 구간의 맨 끝이 되는 지점

사회

患 者   者 사람 자

환자 : 병이 들거나 다쳐서 치료를 받아야 하는 사람

역사

內 患   內 안 내

내환 : 나라나 집안의 걱정

국어

病 患   病 병 병

병환 : 병의 높임말

 쓰는 순서에 맞게 예쁘게 따라 쓰세요.

총 11획   終 終 終 終 終 終 終 終 終 終 終

終	終					
마칠 **종**						

총 11획   患 患 患 患 患 患 患 患 患 患 患

患	患					
근심 **환**						

 **다음 사자성어의 빈칸에 들어갈 알맞은 한자를 쓰세요.**

01 自初至 ☐
처음부터 끝까지의 과정
* 至 이를 지(준4급)

02 有備無 ☐
미리 준비가 되어 있으면 걱정할 것이 없음
* 備 갖출 비(준4급)

03 識字憂 ☐
학식이 있는 것이 오히려 근심을 사게 됨
* 憂 근심 우(준3급)

 다음 문장의 한자 중에서 틀린 글자를 찾아 ◯하고 바르게 고치세요.

01 오늘 내 동생이 **學校**(학교)에 오지 않아서 **種日**(종일) 걱정을 했다.

02 알고 보니 버스를 타고 **冬點**(종점)까지 갔다고 한다.

03 코비드 19가 유행하던 시기 **病院**(병원)마다 **官者**(환자)가 넘쳐났다.

04 나라의 **內關**(내환)에 많은 **國民**(국민)들이 걱정했다.

종교 · 박애: 헬렌 켈러와 마더 테레사

1 다음 암호를 보고 어떤 한자인지 써 보세요.

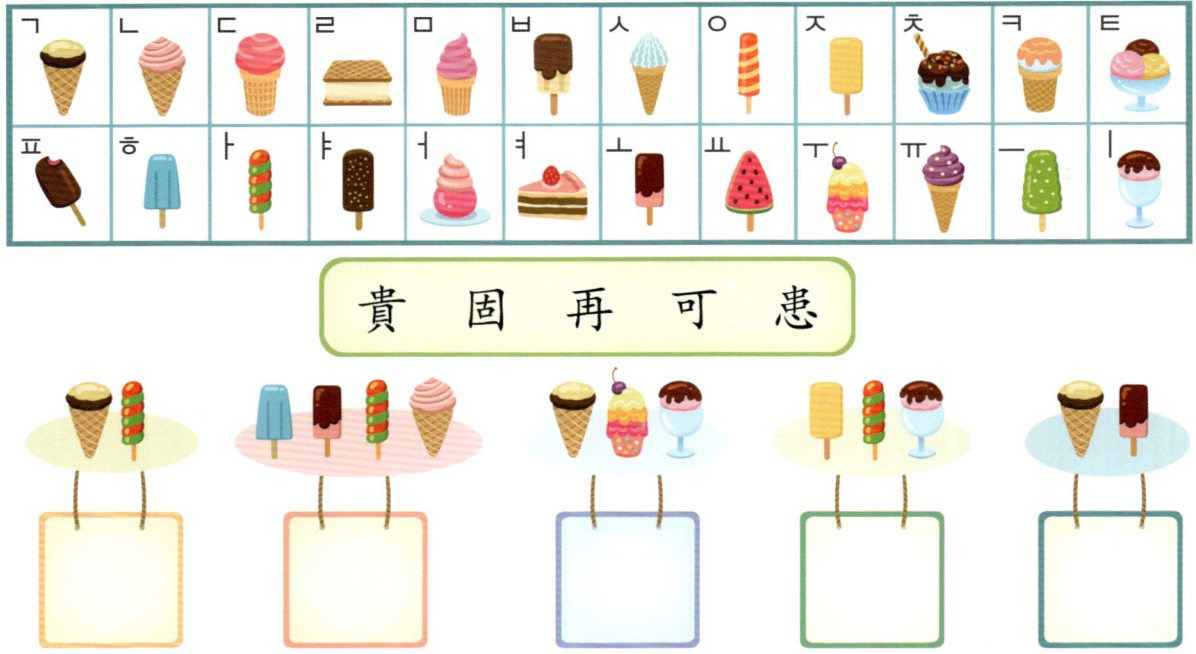

2 한자의 기본 모양을 보고 한자를 완성하고 음을 써 보세요.

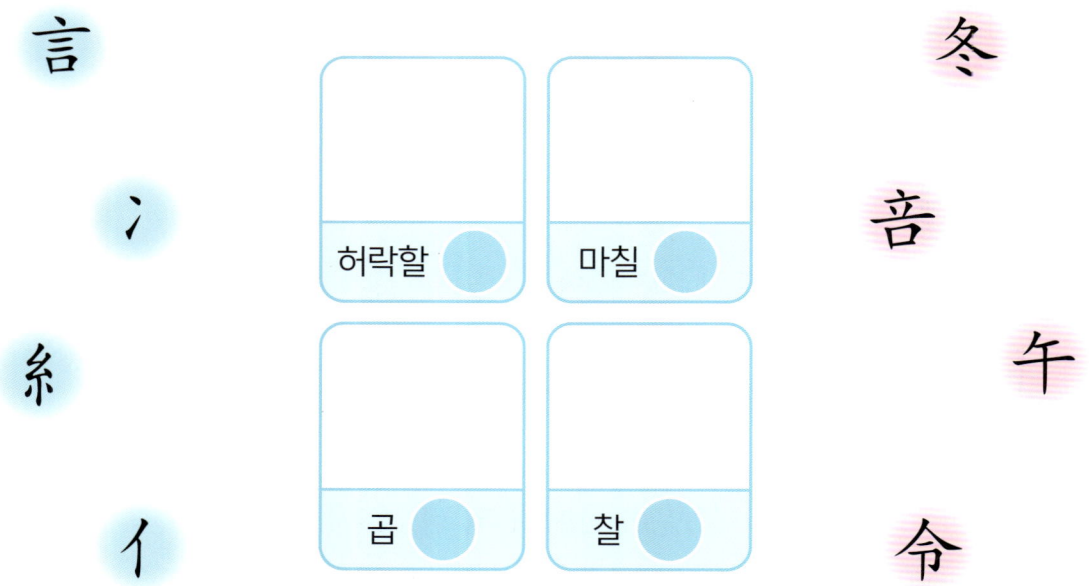

3 다음 그림의 내용을 보고 해당하는 한자어를 찾아 ◯해 보세요.

4 마더 테레사가 아이들에게 필요한 물건을 나누어 주고 있어요. 각각의 물건이 어떤 아이들에게 주어질지 길을 따라가 보세요. (점과 점을 이어주세요. 가로 또는 세로만 이동)

한국어문회 기출·예상문제

1 다음 한자의 훈과 음을 쓰세요.

01 許 훈_____ 음_____

02 倍 훈_____ 음_____

03 貴 훈_____ 음_____

2 다음 훈과 음을 가진 한자를 쓰세요.

01 굳을 고 ☐   02 옳을 가 ☐

03 두 재 ☐

3 다음 밑줄 친 한자어의 독음을 쓰세요.

01 6은 3의 <u>倍數</u>이자 2의 배수이다. ☐

02 바닥이 너무 차가워서 <u>冷氣</u>가 올라온다. ☐

03 간호사는 <u>患者</u>의 상처부위를 붕대로 싸맸다. ☐

04 이 신발은 전국 모든 백화점에서 구입이 <u>可能</u>하다. ☐

05 그 회사에서는 <u>特許</u> 기술을 이용해 신제품을 개발했다. ☐

4 다음 한자와 뜻이 반대(또는 상대)되는 한자를 보기에서 찾아 쓰세요.

보기: 固 冷 終 倍

01 始 ↔ ☐

02 ☐ ↔ 溫

5 다음 한자와 뜻이 같거나 비슷한 한자를 보기에서 찾아 쓰세요.

보기: 終 固 倍 貴

01 高 = ☐

02 ☐ = 結

6 다음 제시한 한자어와 뜻에 맞는 동음어를 찾아 번호를 쓰세요.

보기 ❶ 病院 ❷ 再建 ❸ 貴族 ❹ 固定

01 高情 - ☐ : 한 번 정한 대로 변경하지 아니함

02 兵員 - ☐ : 일정한 시설을 갖추고 병을 진찰하고 치료하는 곳

7 다음 뜻에 맞는 한자어를 보기 에서 찾아 번호를 쓰세요.

보기 ❶ 再發 ❷ 貴重 ❸ 最終 ❹ 萬倍

01 다시 생기거나 일어남 : ☐

02 맨 나중 : ☐

8 다음 뜻을 가진 성어가 되도록 ☐ 안에 들어갈 한자어를 찾아 번호를 쓰세요.

보기 ❶ 許多 ❷ 可知 ❸ 終身 ❹ 法院

01 ☐☐ 大事 : 평생에 관계되는 큰일, 결혼을 이르는 말

02 不問 ☐☐ : 묻지 아니하여도 알 수 있음

9 다음 밑줄 친 단어를 한자로 쓰세요.

보기
活 살 활[7급]   用 쓸 용[준6급]
日 날 일[8급]   長 길/어른 장[8급]
高 높을 고[준6급] 有 있을 유[7급]

01 깡통을 <u>재활용</u>하여 멋진 필통을 만들었다. _____

02 밤에 잠을 설쳐서 하루 <u>종일</u> 몸이 피곤했다. _____

03 새로 부임하는 <u>원장</u>님의 취임식이 내일 열린다. _____

04 성명은 너무나도 <u>고귀</u>해서 무엇과도 바꿀 수 없다. _____

05 민족 <u>고유</u>의 명절인 추석이 하루 앞으로 다가왔다. _____

10 다음 한자의 진하게 표시한 획은 몇 번째 쓰는지 보기 에서 찾아 그 번호를 쓰세요.

보기
❶ 첫 번째   ❷ 두 번째
❸ 세 번째   ❹ 네 번째
❺ 다섯 번째 ❻ 여섯 번째
❼ 일곱 번째 ❽ 여덟 번째
❾ 아홉 번째 ❿ 열 번째

01 再 ☐   02 患 ☐   03 院 ☐

4 固 再 倍 院 可 冷 許 貴 終 患

한국교육진흥회 기출·예상문제

1 다음 한자와 음(소리)이 같은 한자를 고르세요.

01 再 ☐
　① 自　② 在　③ 題　④ 終

02 院 ☐
　① 安　② 運　③ 元　④ 然

03 可 ☐
　① 家　② 固　③ 間　④ 車

2 다음 한자의 뜻으로 알맞은 것을 고르세요.

01 固 ☐
　① 지나다　② 굳다　③ 고치다　④ 녹다

02 許 ☐
　① 말하다　② 허락하다　③ 돕다　④ 걷다

03 終 ☐
　① 마치다　② 멈추다　③ 자다　④ 받다

3 다음 한자와 뜻이 반대되거나 상대되는 한자를 고르세요.

01 賤 천할 천[준3급] ☐
　① 買　② 賣　③ 貴　④ 賞

4 보기 의 단어들과 가장 관련이 깊은 한자를 고르세요.

보기　하교　졸업　폐막식

01 ① 始　② 終　③ 院　④ 倍 ☐

보기　얼음　겨울　슬러시

02 ① 冷　② 可　③ 許　④ 固 ☐

5 다음 한자어의 독음(소리)으로 알맞은 것을 고르세요.

01 固着 ☐
　① 원양　② 도착　③ 고착　④ 고정

02 病患 ☐
　① 질환　② 질병　③ 병악　④ 병환

03 院生 ☐
　① 원선　② 원생　③ 완생　④ 완선

6 ☐ 안에 들어갈 알맞은 한자를 고르세요.

01 귀중 한 시간을 내 주셔서 감사합니다.
　① 貴社　② 所重　③ 貴族　④ 貴重

02 의사는 환자의 환부 를 소독해주었다.
　① 病患　② 患部　③ 急患　④ 患者

7 다음 한자의 훈과 음을 한글로 쓰세요.

01 再 훈_____ 음_____

02 固 훈_____ 음_____

03 終 훈_____ 음_____

8 다음 훈과 음에 맞는 한자를 쓰세요.

01 곱 배 ☐ 02 허락할 허 ☐

03 귀할 귀 ☐

9 다음 한자어의 독음을 한글로 쓰세요.

01 急冷 _____

02 學院 _____

03 不許 _____

10 다음 밑줄 친 한자를 의미에 맞는 한자로 고쳐 쓰세요. (단, 음이 같은 한자로 고칠 것)

01 얼음은 물의 苦形상태이다. ☐

02 노사협상이 타결되면서 분쟁은 種結 되었다. ☐

03 화재가 在發할 위험이 있어 철저한 관리가 필요하다. ☐

11 다음 한자성어의 설명을 읽고 ☐에 들어갈 한자를 쓰세요.

始☐一貫 [시종일관]

처음부터 끝까지 한결같음

12 다음 한자어의 알맞은 뜻을 고르세요.

創意的 ☐ * 創 비롯할 창 [준4급]

❶ 태도가 긍정적이고 능동적인 것
❷ 새로운 생각이나 의견을 가진 것
❸ 나아가려는 태도가 부족하고 활동적이 아닌 것
❹ 하나의 생각이 다른 생각을 불러일으키는 현상

13 ☐ 안에 들어갈 알맞은 한자어를 고르세요.

우리말에는 아름다운 고유어 가 많이 남아 있다.

❶ 地球村 ❷ 觀光客
❸ 固有語 ❹ 文化財

종교·박애: 헬렌 켈러와 마더 테레사

5단계 명장·지도자 : 징기스칸과 알렉산더

징기스칸은 유라시아의 여러 나라를 順序대로 정복하고 領土를 넓혀 몽골제국을 건설했어요. 이러한 성공은 그의 뛰어난 戰爭전략, 유연한 외교정책, 엄격한 規則 등이 작용한 결과지요. 그는 다양한 종족과 문화를 포용하여 제국 내의 안정과 화합을 이루는 정치를 펼쳤어요.

"전진하라! 멈추면 패배다!"

"몽골의 기상을 세계에 펼쳐라!"

문장 힌트를 읽고 그림 속에 숨은 한자를 찾아봅시다.

序	領	爭	規	則	鐵	選	位	敗	願
차례 서	거느릴 령	다툴 쟁	법 규	법칙 칙/곧 즉	쇠 철	가릴 선	자리 위	패할 패	원할 원

알렉산더는 5만명의 強鐵 군대를 이끌고 새롭게 選別한 전술로 페르시아군을 물리쳤어요. 그리스 맹주의 地位에 오르고 나서도 계속 이어진 수많은 전투에서 한 번도 敗하지 않았어요. 그토록 願하던 세계 최대 제국을 건설한 후, 동서양의 문화 교류와 융합에 큰 기여를 했어요.

대통령(領)은 원칙(則)에 따라 나라를 다스려야 합니다.

則
법칙 칙 / 곧 즉

- 부수: 刂(선칼도방)
- 획수: 총 9획
- 中: 则(zé) 즈어

貝 + 刂 회의

'법칙 칙'은 솥과 칼을 그린 모양으로 솥에 새겨진 글자, 신과의 소통을 위한 글자, 법칙이라는 의미를 가지고 있어요.

領
거느릴 령

- 부수: 頁(머리 혈)
- 획수: 총 14획
- 中: 领(lǐng) 링

令 + 頁 형성

'거느릴 령'은 대궐 앞에서 명령을 내리는 군주와 가신을 그린 모습으로 거느리다는 의미를 가지고 있어요.

교과서 속 숨은 한자

[도덕] 規則 — 規 법 규

규칙 : 여러 사람이 다 같이 지키기로 작정한 법칙

[국어] 六何原則
- 六 여섯 륙(육)
- 何 어찌 하
- 原 언덕 원

육하원칙 : 문장을 쓸 때 지켜야 하는 기본 원칙

[사회] 會則 — 會 모일 회

회칙 : 모임의 규칙

[사회] 領土 — 土 흙 토

'領'이 단어 첫머리에 올 때는 '영'으로 읽어요.

영토 : 한 나라의 주권이 미치는 범위

[국어] 要領 — 要 요긴할 요

요령 : 일을 하는데 꼭 필요한 이치

[역사] 占領 — 占 점령할 점

점령 : 일정한 장소를 차지함

쓰는 순서에 맞게 예쁘게 따라 쓰세요.

총 9획 則 刂 刂 月 目 貝 貝 則 則

則	則					
법칙 칙 / 곧 즉						

총 14획 領 領 領 令 領 領 領 領 領 領 領 領 領 領

領	領					
거느릴 령						

 다음 한자의 훈(뜻)과 음(소리)을 쓰세요.

則 훈 _____ 음 _____
    훈 _____ 음 _____

領 훈 _____ 음 _____

 문장을 읽고 밑줄 친 한자의 독음을 써 보세요.

01 야구는 **規則**을 알고 보면 더 재미있게 볼 수 있다.

02 회원들은 **會則**을 모두 잘 지키려고 노력한다.

03 침략군이 이미 고지를 **占領**하였다.

04 처음에는 어려운 일도 자꾸 하다 보면 **要領**이 생기는 법이다.

명장·지도자: 징기스칸과 알렉산더 **83**

전쟁(爭)에서 패(敗)배하였습니다.

敗 패할 패

- 부수: 攵(등글월문)
- 획수: 총 11획
- 中: 败(bài) 빠이

貝 + 攵 형성

'패할 패'는 솥과 막대가 그려진 모양으로 솥이 깨진 모습을 나타내요. 솥이 깨지면 적에게 진 걸 뜻하여, 패하다라는 의미를 가지게 되었어요.

爭 다툴 쟁

- 부수: 爫(손톱 조)
- 획수: 총 8획
- 中: 争(zhēng) 정*
- 약자: 争

爫 + 又 + ㅣ 회의

'다툴 쟁'은 소의 뿔을 서로 잡아 당기는 모습을 그린 모양으로 무엇인가를 놓고 다투다는 의미를 가지고 있어요.

교과서 속 숨은 한자

[사회] 敗北 — 北 북녘 북 / 달아날 배
패배: 겨루어서 짐

[국어] 失敗 — 失 잃을 실
실패: 일을 잘못하여 뜻한 대로 되지 않음

[국어] 敗色 — 色 빛 색
패색: 싸움에서 질 기미

[사회] 競爭 — 競 다툴 경
경쟁: 같은 목적을 두고 이기거나 앞서려고 겨룸

[국어] 爭取 — 取 가질 취
쟁취: 싸워서 빼앗아 가짐

[사회] 政爭 — 政 정사 정
정쟁: 정치에서의 싸움

 **쓰는 순서에 맞게 예쁘게 따라 쓰세요.**

총 11획 敗 敗 敗 敗 敗 敗 敗 敗 敗 敗 敗

敗	敗					
패할 패						

총 8획 爭 爭 爭 爭 爭 爭 爭 爭

爭	爭					
다툴 쟁						

 **다음 한자와 의미가 반대인 한자를 찾아 ○하세요.**

敗　勝　財　成　　　　爭　戰　和　火

 **문장을 읽고 빈칸에 들어갈 알맞은 한자를 써넣어 한자어를 완성하세요.**

01 우리는 失[　] 를 두려워하지 않고 도전해야 해요.

02 우리는 용감히 싸워 독립을 [　]取했습니다.

03 정정당당하게 競[　] 해야 합니다.

04 [　]色이 짙더라도 동지를 배신하면 안 됩니다.

우선 순**위(位)**를 정해 가장 마음에 드는 회사에 지**원(願)**하였습니다.

位 자리 위

- **부수** 亻(사람인변)
- **획수** 총 7획
- **中** 位(wèi) 웨이

亻 + 立 회의

'자리 위'는 사람이 팔을 벌리고 서 있는 사람을 그린 모양으로 자리, 지위라는 의미를 가지고 있어요.

願 원할 원

- **부수** 頁(머리 혈)
- **획수** 총 19획
- **中** 愿(yuàn) 위엔

頁 + 原 형성

'원할 원'은 돌 틈 사이에서 물이 솟아 나오는 모습과 머리를 그린 모양으로 원래는 머리가 커지다는 의미였다가 바라다, 원하다는 의미로 사용하게 되었어요.

교과서 속 숨은 한자

과학
單 位 　單 홑 단
단위 : 길이, 무게, 시간을 재는 기준이 되는 것

국어
品 位 　品 물건 품
품위 : 사람이 가지고 있는 기품이나 위엄

사회
方 位 　方 모 방
방위 : 동서남북을 기준으로 한 어떤 쪽의 위치

사회
志 願 　志 뜻 지
지원 : 뜻이 있어 지망함

사회
宿 願 　宿 잘 숙
숙원 : 오래전부터 품어 온 소망

국어
願 望 　望 바랄 망
원망 : 원하고 바람

 쓰는 순서에 맞게 예쁘게 따라 쓰세요.

총 7획 位 位 位 位 位 位 位

位	位						
자리 **위**							

총 19획 願 願 願 願 願 願 願 願 願 願 願 願 願 願 願 願 願 願 願

願	願						
원할 **원**							

5

則
領
敗
爭
位
願
選
序
規
鐵

 다음 한자와 의미가 유사한 한자를 찾아 ○하세요.

位　立　席　向　　　　願　院　望　頭

 다음 문장의 한자 중에서 틀린 글자를 찾아 ○하고 바르게 고치세요.

01 우리 三寸(삼촌)의 宿元(숙원)은 의사가 되는 것입니다.

02 그래서 이번에 醫科大學(의과대학)에 志遠(지원)하여 합격했습니다.

03 三寸(삼촌)은 品偉(품위)있는 의사가 되겠다고 했습니다.

명장 · 지도자: 징기스칸과 알렉산더

순서(序)에 따라 선(選)거 유세를 진행했습니다.

가릴 선

- 부수: 辶(책받침)
- 획수: 총 16획
- 中: 选(xuǎn) 쉬앤

巽 + 辶 형성

'가릴 선'은 탁자 위에 무릎을 꿇고 앉아 있는 사람과 길을 그린 모양으로 고르다, 가리다, 뽑다라는 의미를 가지고 있어요.

차례 서

- 부수: 广(엄호)
- 획수: 총 7획
- 中: 序(xù) 쉬

广 + 予 형성

'차례 서'는 실을 감는 실패와 집을 그린 모양으로 처음에는 담벼락이라는 의미로 사용되다가 가차되어 차례라는 의미로 사용하게 되었어요.

교과서 속 숨은 한자

[사회] 選擧 — 擧 들 거
선거 : 많은 사람 가운데서 투표에 의하여 뽑아 냄

[체육] 選手 — 手 손 수
선수 : 스포츠를 직업으로 하는 사람

[사회] 當選 — 當 마땅 당
당선 : 선거에서 뽑힘

[도덕] 秩序 — 秩 차례 질
질서 : 사물, 행동 등의 순서나 차례

[과학] 順序 — 順 순할 순
순서 : 무슨 일을 행하거나 이루어지는 차례

[국어] 序詩 — 詩 시 시
서시 : 책의 첫머리에 서문 대신 쓴 시

 쓰는 순서에 맞게 예쁘게 따라 쓰세요.

총 16획 選選選選選選選選選選選選選選選選

選	選						
가릴 **선**							

총 7획 序 序 序 序 序 序 序

序	序						
차례 **서**							

5 則 領 敗 爭 位 願 選 序 規 鐵

 다음 한자와 뜻은 같지 않지만 음(소리)이 같은 한자를 찾아 ○하세요.

選 鮮 運 遠   序 字 順 書

 다음 의미에 해당하는 한자에 ○하세요.

01 책의 첫머리에 서문 대신 쓴 시   序詩 | 西市

02 스포츠를 직업으로 하는 사람   善水 | 選手

03 선거에서 뽑힘   堂先 | 當選

04 무슨 일을 행하거나 이루어지는 차례 順序 | 順書

명장·지도자: 징기스칸과 알렉산더 89

뇌물을 받는 등 규(規)칙을 어길 시에는 철(鐵)퇴를 가해야 합니다.

법 규

- 부수: 見(볼 견)
- 획수: 총 11획
- 中: 规(guī) 꾸이

規 ← 𧠙
夫 + 見 회의

'법 규'는 상투를 틀고 비녀를 꽂은 남자와 보고 있는 사람을 그린 모양으로 어른의 안목이라는 의미로 사용되다가 법, 규칙을 의미하게 되었어요.

쇠 철

- 부수: 金(쇠 금)
- 획수: 총 21획
- 中: 铁(tiě) 티에
- 약자: 鉄

鐵 ← 鐵
金 + 𢧜 형성

'쇠 철'은 단단하고 강한 강도를 가진 쇠를 그린 모양으로 철제로 만든 무기, 갑옷, 단단하다는 의미를 가지고 있어요.

교과서 속 숨은 한자

 사회

規 模 模 본뜰 모

규모 : 본보기가 될 만한 틀이나 제도

 과학

規 格 格 격식 격

규격 : 일정한 규정에 들어맞는 격식

 국어

不 規 則 不 아닐 불 / 則 법칙 칙

불규칙 : 규칙이 서지 아니함

 사회

鐵 鋼 鋼 굳셀 강

철강 : 주철과 강철을 아울러 이르는 말

사회

鐵 道 道 길 도

철도 : 열차가 다닐 수 있도록 레일을 깔아 놓은 교통 시설

 국어

鐵 物 物 물건 물

철물 : 쇠로 만든 여러 가지 물건

 쓰는 순서에 맞게 예쁘게 따라 쓰세요.

총 11획	規 規 規 規 規 規 規 規 規 規 規
規 법 규	

총 21획	鐵 鐵 鐵 鐵 鐵 鐵 鐵 鐵 鐵 鐵 鐵 鐵 鐵 鐵
鐵 쇠 철	

 다음 사자성어의 빈칸에 들어갈 알맞은 한자를 쓰세요.

01 過 失 相 ☐

잘못을 저지르지 않도록 서로 규제해야 함을 이르는 말

02 ☐ 面 皮

'쇠로 만든 낯가죽'이라는 뜻으로, 염치가 없고 뻔뻔스러운 사람을 낮잡아 이르는 말

 다음 문장의 밑줄 친 부분을 한자로 쓰세요.

01 그 상점에서는 목재와 **철물**을 팔고 있습니다.

02 지난 일요일에 **철도**를 이용하여 서울에 있는 친척집에 방문하였습니다.

03 이 택배상자는 **규격**에 맞게 만들어졌습니다.

04 잠자는 시간이 **불규칙**하여 너무 피곤합니다.

연습문제

1 징기스칸은 전략을 위해 병사들에게 말을 타는 순서를 정해주었어요. 다음 힌트를 보고 어떤 병사의 말인지 선으로 연결하고 순서에 맞게 숫자를 써 보세요.

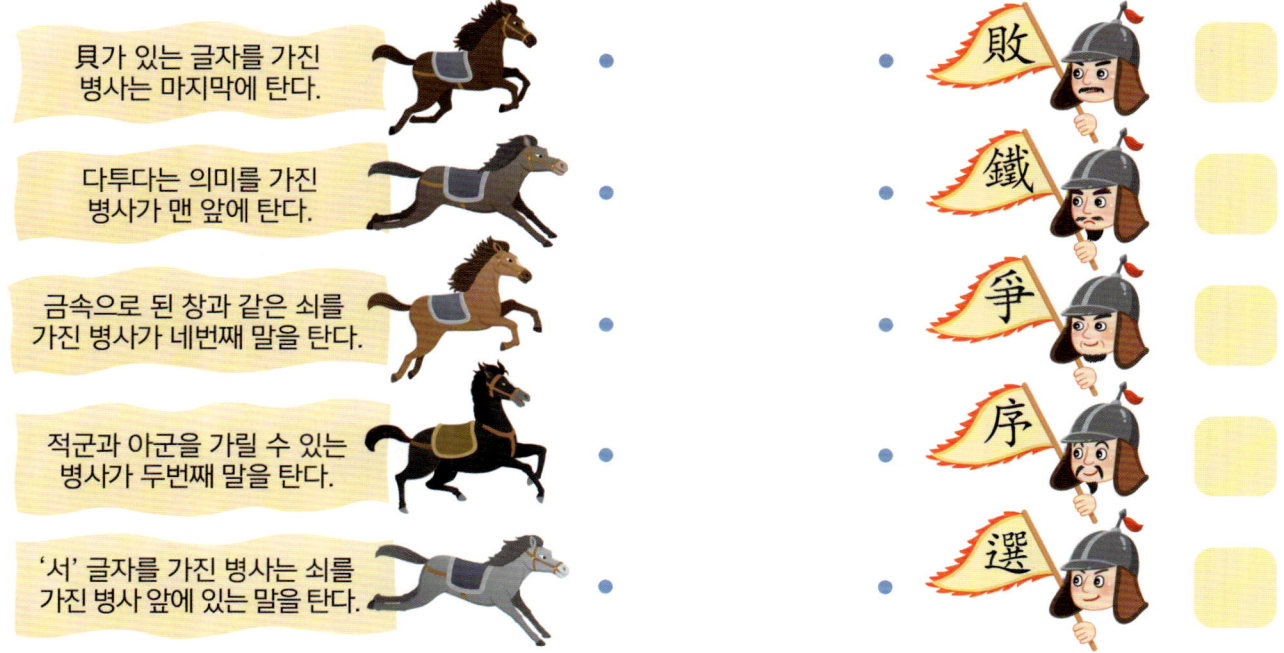

2 한자의 기본 모양을 보고 한자를 완성하고 훈음을 써 보세요.

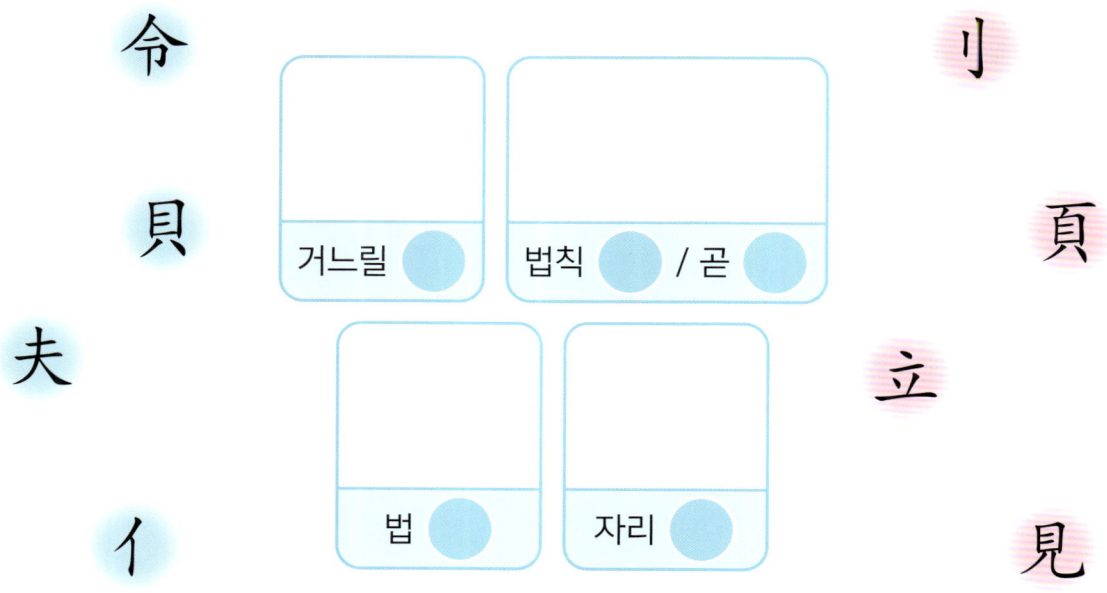

3 알렉산더가 한자어를 따라 여러 나라를 정복하고 있어요. 정복지에 해당하는 한자어를 써 보세요.

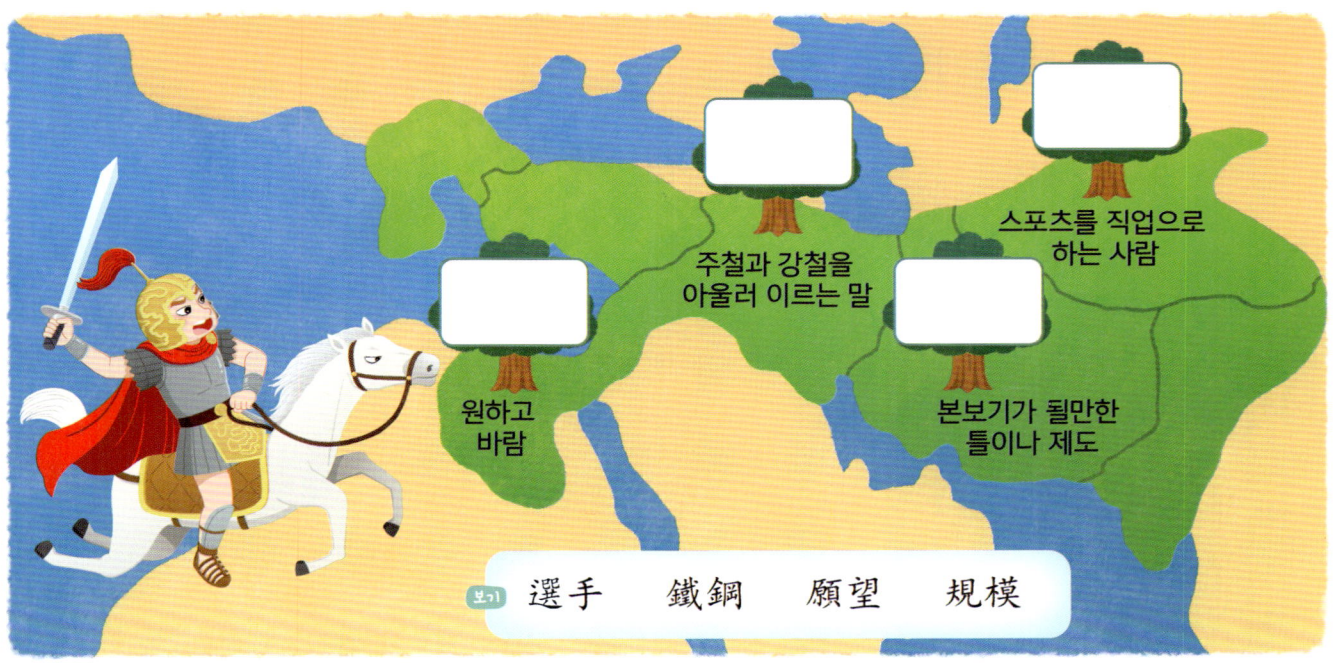

4 다음 그림을 보고 의미를 유추하여 해당하는 한자어를 찾아 ○ 하세요.

한국어문회 기출 · 예상문제

1 다음 한자의 훈과 음을 쓰세요.

01 願 　훈 _____ 　음 _____

02 鐵 　훈 _____ 　음 _____

03 則 　훈 _____ 　음 _____

2 다음 훈과 음을 가진 한자를 쓰세요.

01 법 규 [　] 　02 다툴 쟁 [　]

03 패할 패 [　]

3 교재 90쪽을 참고하여 다음 한자의 약자(略字)를 쓰세요.

01 鐵 → [　]

4 다음 밑줄 친 한자어의 독음을 쓰세요.

01 오늘 회의 順序가 어떻게 됩니까? [　]

02 응원가 속에 승리를 念願하는 내용을 담았다. [　]

03 많은 사람들이 戰爭에 반대하는 시위에 참여했다. [　]

04 김 선생님은 무슨 일을 하든 原則만 고집하는 분이다. [　]

05 엄격한 選別 과정을 통해 우수한 품질의 과일만 판매한다. [　]

5 다음 한자와 뜻이 반대(또는 상대)되는 한자를 보기에서 찾아 쓰세요.

보기: 選　敗　爭　鐵

01 勝 ↔ [　]

02 和 ↔ [　]

6 다음 한자와 뜻이 같거나 비슷한 한자를 보기에서 찾아 쓰세요.

보기: 願　位　則　領

01 規 = [　]

02 席 = [　]

7 다음 제시한 한자어와 뜻에 맞는 동음어를 찾아 번호를 쓰세요.

보기 ❶ 領空 ❷ 選定 ❸ 序文 ❹ 所願

01 西門 - ☐ : 책의 첫머리에 목적을 간단히 적은 글

02 小園 - ☐ : 어떤 일이 이루어지기를 바람

8 다음 뜻에 맞는 한자어를 보기 에서 찾아 번호를 쓰세요.

보기 ❶ 放學 ❷ 方位 ❸ 英才 ❹ 領海

01 국가의 주권이 미치는 바다 영역 : ☐

02 사물의 방향이나 있는 위치 : ☐

9 다음 뜻을 가진 성어가 되도록 ☐ 안에 들어갈 한자어를 찾아 번호를 쓰세요.

보기 ❶ 敗家 ❷ 相規 ❸ 選出 ❹ 法則

01 ☐☐ 亡身 : 집안의 재산을 다 써 없애고 신세를 망침

02 過失 ☐☐ : 잘못을 저지르지 않도록 서로 규제해야 함

10 다음 밑줄 친 단어를 한자로 쓰세요.

보기
地 땅 지[7급]   土 흙 토[8급]
法 법 법[준5급]   失 잃을 실[6급]
道 길 도[7급]

01 나라가 힘이 없으면 국제적인 **지위**도 낮아진다. _____

02 이곳은 **영토** 소유권 문제로 분쟁이 심한 지역이다. _____

03 올해부터 교통 **법규** 위반에 대한 벌칙이 강화된다. _____

04 사업에 **실패**한 후 경제적으로 큰 어려움을 겪었다. _____

05 고속**철도**의 개통으로 지역 간의 교류가 활발해졌다. _____

11 다음 한자의 진하게 표시한 획은 몇 번째 쓰는지 보기 에서 찾아 그 번호를 쓰세요.

보기
❶ 첫 번째   ❷ 두 번째
❸ 세 번째   ❹ 네 번째
❺ 다섯 번째 ❻ 여섯 번째
❼ 일곱 번째 ❽ 여덟 번째
❾ 아홉 번째 ❿ 열 번째

01 序 ☐   02 選 ☐   03 領 ☐

한국교육진흥회 기출·예상문제

1 다음 한자와 음(소리)이 같은 한자를 고르세요.

01 領 ☐
　① 令　② 年　③ 爭　④ 冷

02 選 ☐
　① 全　② 規　③ 姓　④ 善

03 願 ☐
　① 速　② 院　③ 線　④ 鐵

2 다음 한자의 뜻으로 알맞은 것을 고르세요.

01 序 ☐
　① 물건　② 자리　③ 차례　④ 법도

02 爭 ☐
　① 풀다　② 다투다　③ 가리다　④ 잡다

03 則 ☐
　① 교통　② 기술　③ 법칙　④ 전술

3 다음 한자와 뜻이 반대되거나 상대되는 한자를 고르세요.

01 敗 ☐
　① 成　② 序　③ 代　④ 感

4 보기 의 단어들과 가장 관련이 깊은 한자를 고르세요.

보기　갑옷　못　자물쇠

01 ① 選　② 領　③ 鐵　④ 序 ☐

보기　심판　감시　벌금

02 ① 位　② 規　③ 敗　④ 願 ☐

5 다음 한자어의 독음(소리)으로 알맞은 것을 고르세요.

01 序曲 ☐
　① 서곡　② 서전　③ 질서　④ 가곡

02 高位 ☐
　① 고립　② 교량　③ 고위　④ 교위

03 自願 ☐
　① 백원　② 자제　③ 일제　④ 자원

6 ☐ 안에 들어갈 알맞은 한자를 고르세요.

01 급여는 규정 에 따라 지급된다.
　① 學則　② 規則　③ 法規　④ 規定

02 선거 결과 발표 후 낙선 한 후보의 표정은 침울했다.
　① 落選　② 當選　③ 落第　④ 樂曲

7 다음 한자의 훈과 음을 한글로 쓰세요.

01 爭 훈_____ 음_____

02 序 훈_____ 음_____

03 敗 훈_____ 음_____

8 다음 훈과 음에 맞는 한자를 쓰세요.

01 자리 위 □   02 법칙 칙 □

03 가릴 선 □

9 다음 한자어의 독음을 한글로 쓰세요.

01 強鐵 _____

02 選出 _____

03 序文 _____

10 다음 밑줄 친 한자를 의미에 맞는 한자로 고쳐 쓰세요. (단, 음이 같은 한자로 고칠 것)

01 발표는 신청한 順<u>西</u>대로 진행됩니다. □

02 농민들은 수확의 일부를 英<u>主</u>에게 바쳐야 했다. □

03 사람은 누구나 자신의 地<u>偉</u>에 맞는 책임을 져야 한다. □

11 다음 한자성어의 설명을 읽고 □에 들어갈 한자를 쓰세요.

□面皮 [철면피]
쇠로 만든 낯가죽, 염치없고 뻔뻔한 사람

* 皮 가죽 피[준3급]

12 다음 한자어의 알맞은 뜻을 고르세요.

秩序 □   * 秩 차례 질[준3급]

❶ 일이 없어 남는 시간
❷ 문제에 대하여 검토하고 협의함
❸ 사물들의 규칙적인 배치나 배열
❹ 어떤 일을 서로 양보하여 협의함

13 □ 안에 들어갈 알맞은 한자어를 고르세요.

그는 게임의 규칙 을 제대로 몰라서 헤맸다.

❶ 時調   ❷ 公共   ❸ 規則   ❹ 團體

5급(어문회) 독음 - 자주 출제 되는 한자

選擧	가릴 선 들 거	여러 사람 중에서 대표를 뽑아 냄
	예 選擧일이 공고되며 본격적인 유세가 시작되었다.	

種類	씨 종 무리 류	성질이나 생김새가 비슷한 것끼리 나눈 갈래
	예 시장에는 다양한 種類의 과일과 채소를 팔고 있다.	

調査	고를 조 조사할 사	사물의 내용을 명확히 알기 위하여 자세히 살펴보거나 찾아봄
	예 우리는 야생화의 종류를 調査하였다.	

親舊	친할 친 예 구	함께 놀거나 이야기를 나누는 가까운 사람
	예 親舊들과 함께 주말에 여행을 다녀왔다.	

規則	법 규 법칙 칙	지켜야 할 정해진 약속이나 방법
	예 規則적인 생활을 하는 것이 건강에 이롭다.	

約束	맺을 약 묶을 속	서로 지키기로 한 정해진 일
	예 約束을 지키지 못하여 그에게 미안한 마음이 들었다.	

責任	꾸짖을 책 맡길 임	맡은 일을 끝까지 해내야 하는 의무
	예 나는 반 회장이 되면서 責任감이 생겼다.	

許可	허락할 허 옳을 가	어떤 일을 하도록 허용하는 것
	예 국립공원의 許可를 받고 야생동물의 실태를 취재하였다.	

奉仕	받들 봉 섬길 사	다른 사람을 위해 도와주는 일
	예 奉仕 활동을 하면 보람이 느껴진다.	

到着	이를 도 붙을 착	가고 있던 곳에 다다름
	예 到着 시간이 되자 마음이 설렌다.	

順序	순할 순 차례 서	어떤 일이나 사건이 일어나는 차례나 위치
	예 사회자가 발언 順序를 정해주었다.	

原因	언덕 원 인할 인	어떤 일이 일어나게 된 처음 이유
	예 이번 교통 사고의 原因은 차량 문제였다.	

한자	훈음	뜻 / 예문
必要	반드시 필 요긴할 요	어떤 일을 하려면 반드시 있어야 하는 것 예) 캠핑을 위해 必要한 것들을 준비했다.
改良	고칠 개 어질 량	부족한 것을 고쳐서 더 나아지게 하는 일 예) 농사법의 改良으로 수확량이 많아졌다.
競技	다툴 경 재주 기	힘과 기술을 겨루는 활동 예) 띠씨름은 과거에 많이 행하여진 競技 방식이다.
景致	볕 경 이를 치	산, 들, 강, 바다 등 자연이 만들어 낸 아름다운 모습 예) 강원도는 景致가 아름답기로 유명하다.
過去	지날 과 갈 거	이미 지나가 버린 옛날 시간 예) 이 표현을 過去 시제로 바꾸세요.
財産	재물 재 낳을 산	사람이 가지고 있는 돈이나 값어치 있는 물건 예) 북한은 사유 財産을 인정하지 않는 사회주의 국가이다.
效果	본받을 효 실과 과	어떤 일이나 행동으로 나타나는 좋은 결과 예) 한자 교육은 우뇌의 발달에도 效果가 있다고 전해진다.
發展	필 발 펼 전	더 크고 좋게 자라거나 나아가는 것 예) 한국은 10대 무역 대국으로 發展하였다.
意見	뜻 의 볼 견	자신이 생각하는 생각이나 마음 예) 타인의 意見을 무시하고 독단적으로 결정하면 안 된다.
結果	맺을 결 실과 과	어떤 일이나 행동이 끝나고 나서 생긴 일 예) 이번 실험에서 기대 이상의 結果를 얻었다.
競爭	다툴 경 다툴 쟁	서로 이기려고 힘쓰는 것 예) 선의의 競爭 관계는 서로에게 좋은 영향을 미치기도 한다.
技術	재주 기 재주 술	무엇을 잘할 수 있는 방법이나 솜씨 예) 技術의 발전은 항상 윤리 문제를 가져 온다.

5급(어문회) 독음 - 자주 출제 되는 한자

變化	변할 변 / 될 화	모양이나 상태가 달라지는 것
	예	환경의 變化에 적응하지 못한 동물은 멸종된다.

祝福	빌 축 / 복 복	행복과 좋은 일이 있기를 빌어 주는 것
	예	많은 사람들의 祝福 속에서 언니가 결혼을 했다.

病院	병 병 / 집 원	몸이 아프거나 다쳤을 때 치료를 받는 곳
	예	감기에 걸려서 病院에 다녀왔다.

幸福	다행 행 / 복 복	마음이 즐겁고 기쁜 상태
	예	많은 사람들이 幸福하기 위해서는 정해진 규칙을 잘 지켜야 한다.

商品	장사 상 / 물건 품	사람들이 사고파는 물건
	예	엄마와 간 재래시장에는 다양한 商品이 있었다.

歷史	지날 력(역) / 사기 사	옛날부터 지금까지 일어난 일이나 사건
	예	나는 고려청자에 관한 歷史가 궁금해 백과 사전을 찾아보았다.

性質	성품 성 / 바탕 질	사물이나 사람이 가진 특별한 특징이나 상태
	예	기름과 물은 섞이지 않는 性質이 있다.

英雄	꽃부리 영 / 수컷 웅	용감하고 뛰어난 사람
	예	옛날 이야기에는 다양한 英雄들이 등장한다.

失敗	잃을 실 / 패할 패	하려던 일이 잘 되지 않고 뜻대로 안 되는 것
	예	비록 失敗하였지만 끝까지 최선을 다한 그에게 박수를 보냈다.

價格	값 가 / 격식 격	물건이나 서비스에 매겨진 값
	예	시장에 가면 價格이 싸고 좋은 물건이 많다.

重要	무거울 중 / 요긴할 요	아주 꼭 필요한 것
	예	소통과 평화의 대화를 나누는 것이 重要하다.

改善	고칠 개 / 착할 선	더 좋게 고치는 것
	예	좋지 않은 점들은 改善하기 위해 노력해야 한다.

考案	생각할 고 책상 안	새로운 방법이나 계획을 생각해 내는 것
	예 그 기업에서는 새로운 경영 체계를 考案하고 있다.	

都市	도읍 도 저자 시	사람들이 많이 모여 살고 큰 규모로 발달한 곳
	예 할머니는 복잡한 都市보다 한적한 시골이 낫다고 하셨다.	

觀光	볼 관 빛 광	구경하며 돌아다니는 것
	예 제주도는 觀光하기 좋은 곳이다.	

獨島	홀로 독 섬 도	대한민국의 동해에 있는 작은 섬 이름
	예 獨島는 우리나라 땅이다.	

練習	익힐 련(연) 익힐 습	잘하게 되도록 되풀이하여 익히는 것
	예 많은 練習을 통해 드디어 성공하였다.	

停止	머무를 정 그칠 지	하던 일을 멈추는 것
	예 폭우로 선로가 잠겨 기차의 운행이 停止되었다.	

朝鮮	아침 조 고울 선	옛날 한반도에 있었던 이성계가 세운 나라
	예 우리나라는 朝鮮 말기부터 근대화가 시작되었다.	

5급 반의한자 결합어

曲直	曲 굽을 곡 [5급] / 直 곧을 직 [5급]	옳고 그름, 또는 바르지 못함과 바름을 이르는 말
勝敗	勝 이길 승 [6급] / 敗 패할 패 [5급]	이김과 짐
成敗	成 이룰 성 [6급] / 敗 패할 패 [5급]	일이 이루어짐과 실패함
始終	始 비로소 시 [6급] / 終 마칠 종 [5급]	처음부터 끝까지, 또는 처음과 끝
有無	有 있을 유 [7급] / 無 없을 무 [5급]	있음과 없음
冷溫	冷 찰 랭 [5급] / 溫 따뜻할 온 [6급]	차가움과 따뜻함
因果	因 인할 인 [5급] / 果 실과 과 [6급]	원인과 결과
善惡	善 착할 선 [5급] / 惡 악할 악 [준5급]	착함과 악함, 좋은 것과 나쁜 것
都農	都 도읍 도 [5급] / 農 농사 농 [7급]	도시와 농촌
賣買	賣 팔 매 [5급] / 買 살 매 [5급]	사고파는 일
自他	自 스스로 자 [7급] / 他 다를 타 [5급]	자신과 다른 사람
黑白	黑 검을 흑 [5급] / 白 흰 백 [8급]	검은색과 흰색; 옳고 그름
本末	本 근본 본 [6급] / 末 끝 말 [준5급]	근본과 끝, 중요한 부분과 그렇지 않은 부분
動止	動 움직일 동 [7급] / 止 그칠 지 [5급]	움직임과 멈춤

5급 유의한자 결합어

寒冷	寒 찰 한 [5급]	冷 찰 랭 [5급]
	춥고 차가운 상태를 나타내는 말	

建立	建 세울 건 [5급]	立 설 립 [7급]
	건물이나 조직 등을 세움	

思考	思 생각 사 [5급]	考 생각할 고 [5급]
	마음속으로 깊이 생각함	

思念	思 생각 사 [준6급]	念 생각 념 [준5급]
	마음속 깊이 그리워하며 생각함	

規則	規 법 규 [5급]	則 법칙 칙 [5급]
	마땅히 지켜야 할 일정한 방법이나 기준	

敗亡	敗 패할 패 [5급]	亡 망할 망 [5급]
	싸움에 져서 망함	

許可	許 허락할 허 [5급]	可 옳을 가 [5급]
	허락하여 가능하게 함	

強健	強 강할 강 [6급]	健 굳셀 건 [5급]
	몸과 마음이 튼튼하고 힘이 셈	

始初	始 비로소 시 [6급]	初 처음 초 [5급]
	어떤 일이나 사물의 맨 처음	

法規	法 법 법 [5급]	規 법 규 [5급]
	지켜야 할 법이나 규칙	

歌曲	歌 노래 가 [7급]	曲 굽을 곡 [5급]
	노래나 음악의 곡조	

歌唱	歌 노래 가 [7급]	唱 부를 창 [5급]
	목소리로 음악을 만들어내는 행위	

5급 유의한자 결합어

京都	京 서울 경 [6급]	都 도읍 도 [5급]
	한 나라의 중앙 정부가 있는, 가장 중심적인 도시	

停止	停 머무를 정 [5급]	止 그칠 지 [5급]
	움직이던 것이 멈추거나 그침	

都市	都 도읍 도 [준5급]	市 저자 시 [7급]
	사람이 많이 모여 살고 경제, 문화, 행정 등의 중심이 되는 지역	

競爭	競 다툴 경 [5급]	爭 다툴 쟁 [5급]
	같은 목죽에 대하여 서로 이기거나 앞서려고 겨루는 것	

法則	法 법 법 [5급]	則 법칙 칙 [5급]
	어떤 현상의 본질적인 구조나 원리를 명확하게 나타내는 것	

終末	終 마칠 종 [5급]	末 끝 말 [준5급]
	어떤 것의 마지막, 끝	

變改	變 변할 변 [준5급]	改 고칠 개 [5급]
	어떤 것이 변하거나 바뀌어서 고쳐지는 것	

技術	技 재주 기 [5급]	術 재주 술 [6급]
	만들거나 짓거나 하는 사물을 다루는 방법이나 능력	

戰爭	戰 싸움 전 [6급]	爭 다툴 쟁 [5급]
	나라와 나라 또는 교전 단체 사이에 무력을 사용하여 싸우는 일	

過去	過 지날 과 [준5급]	去 갈 거 [5급]
	지나간 때나 시기	

談話	談 말씀 담 [5급]	話 말씀 화 [7급]
	서로 이야기를 주고받는 것	

談言	談 말씀 담 [5급]	言 말씀 언 [6급]
	이야기나 담론	

願望	願 원할 원 [5급]	望 바랄 망 [준5급]
	마음속으로 간절히 바람	

罪過	罪 허물 죄 [5급]	過 지날 과 [준5급]
	죄가 될 만한 잘못이나 허물	

家屋	家 집 가 [7급]	屋 집 옥 [5급]
	사람이 사는 집	

終結	終 마칠 종 [5급]	結 맺을 결 [준5급]
	일을 끝내는 것	

命令	命 목숨 명 [7급]	令 하여금 령 [5급]
	윗사람이 어떤 일을 하도록 지시하거나 요구하는 행위	

진흥회 속 5급 교과서 한자

가열	加熱	구애행동	求愛行動	박람회	博覽會
가정	家庭	권리	權利	반도체	半導體
각도	角度	규칙	規則	배경	背景
강수량	降水量	극미세	極微細	분류	分類
건국	建國	근거	根據	분수	分數
결과	結果	근면	勤勉	분포	分布
경제	經濟	긍정	肯定	비교	比較
경험	經驗	기온	氣溫	비례식	比例式
계산	計算	기준	基準	비율	比率
계절	季節	단위	單位	사법부	司法府
고유어	固有語	단정	端正	사회	社會
곡선	曲線	단체	團體	상상	想像
공경	恭敬	대응	對應	생태계	生態系
공공	公共	도체	導體	선거	選擧
공연	公演	독립	獨立	선택	選擇
공정	工程	면담	面談	설득	說得
관광객	觀光客	묘사	描寫	세금	稅金
관용표현	慣用表現	문맥	文脈	소극적	消極的
광고	廣告	문화재	文化財	속담	俗談
구분	區分	미소	微笑	수입	收入

수출	輸出	장애	障碍	침엽수	針葉樹
시조	時調	저금	貯金	쾌적	快適
악기	樂器	적극적	積極的	타협	妥協
암석	巖石	적응	適應	태도	態度
약속	約束	전쟁	戰爭	태양계	太陽系
여가	餘暇	전통	傳統	토의	討議
여운	餘韻	전학	轉學	통일	統一
여행	旅行	정보	情報	투자	投資
역사	歷史	정치	政治	투표	投票
역할	役割	존중	尊重	편지	便紙
연상	聯想	종류	種類	표준어	標準語
오염	汚染	지구촌	地球村	합창	合唱
우주	宇宙	지진	地震	해결	解決
원인	原因	지층	地層	협동	協同
위성	衛星	질서	秩序	확률	確率
육지	陸地	참정권	參政權	환경	環境
이상	以上	창의적	創意的	활엽수	闊葉樹
인상	印象	첨단	尖端		
자연	自然	초과	超過		
자유	自由	축척	縮尺		

정답

정답 p.110

모의고사 정답 p.114

연습문제와 모의고사 정답이 모두 들어있어요.
문제를 잘 풀었는지 확인해보아요.

정답

1단계

연습문제 p.20

1 買　亡　船　氷　料　板

2 島　섬 도　　　賣　팔 매
　 初　처음 초　　最　가장 최

3

4 자료

기출·예상문제 p.22

한국어문회

1 01. 널 판　02. 처음 초　03. 헤아릴 료
2 01. 亡　　02. 買　　03. 氷
3 01. 売
4 01. 재료　02. 최고　03. 판자
　 04. 독도　05. 선장
5 01. 賣　　02. 亡
6 01. 初　　02. 亡
7 01. ①　　02. ②
8 01. ②　　02. ①
9 01. ②　　02. ④
10 01. 飲料　02. 亡身　03. 氷板
　 04. 最近　05. 買入
11 01. ⑦　　02. ⑦　　03. ⑤

한자교육진흥회

1 01. ③　　02. ④　　03. ②
2 01. ②　　02. ③　　03. ②
3 01. ④
4 01. ②　　02. ①
5 01. ③　　02. ①　　03. ④
6 01. ①　　02. ②
7 01. 살 매　02. 섬 도　03. 배 선
8 01. 賣　　02. 板　　03. 最
9 01. 최후　02. 매매　03. 결빙
10 01. 船　　02. 初　　03. 島
11 亡
12 ②
13 ③

2단계

연습문제 p.38

1

2 都　도읍 도　　　原　언덕 원
　 考　생각할 고　　因　인할 인

3 ▲● 완성　　★◆ 탁월
　 ◼◧ 원인　　⬢♥ 수도

4

 존재나 값어치를 알아주지 아니함

 떨어진 나뭇잎

 생각하고 궁리함

 어떤 일에 정신을 집중하는 일

기출·예상문제 p.40

한국어문회

1 01. 떨어질 락 02. 도울 도 03. 높을 탁
2 01. 無 02. 因 03. 考
3 01. 완성 02. 탁구 03. 도읍
   04. 급락 05. 무색
4 01. 落 02. 都
5 01. 考 02. 完
6 01. ④ 02. ②
7 01. ② 02. ①
8 01. ③ 02. ②
9 01. 原來 02. 落心 03. 有無
   04. 完全 05. 都市
10 01. ⑦ 02. ③ 03. ⑤

한자교육진흥회

1 01. ③ 02. ② 03. ①
2 01. ② 02. ④ 03. ③
3 01. ③
4 01. ② 02. ③
5 01. ④ 02. ② 03. ①
6 01. ③ 02. ②
7 01. 도울 도 02. 인할 인 03. 더울 열
8 01. 無 02. 思 03. 卓
9 01. 도심 02. 열기 03. 탁상
10 01. 落 02. 原 03. 考
11 思
12 ③
13 ①

3단계

연습문제 p.56

1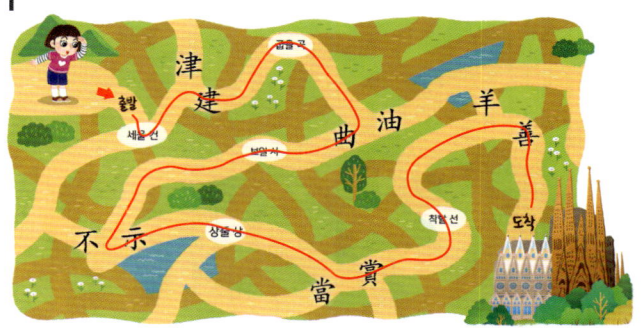

2 雄 수컷 웅   致 이를 치
   陽 볕 양   他 다를 타
3 위선   기타
4 감상
   개혁
   제시
   배경
   곡선, 웅장

기출·예상문제 p.58

한국어문회

1 01. 이를 치 02. 상줄 상 03. 착할 선
2 01. 曲 02. 示 03. 他
3 01. 곡선 02. 선행 03. 전시회
   04. 영웅 05. 이타심
4 01. 他 02. 曲
5 01. 景 02. 善
6 01. ③ 02. ①
7 01. ② 02. ④
8 01. ④ 02. ①
9 01. 金賞 02. 歌曲 03. 建國

04. 景致　05. 改名
10 01. ⑨　　02. ③　　03. ⑥

한자교육진흥회

1　01. ①　　02. ④　　03. ③
2　01. ②　　02. ②　　03. ④
3　01. ②
4　01. ②　　02. ①
5　01. ④　　02. ③　　03. ②
6　01. ③　　02. ①
7　01. 다를 타　02. 수컷 웅　03. 착할 선
8　01. 賞　　02. 建　　03. 改
9　01. 중건　　02. 은상　　03. 개량
10 01. 賞　　02. 示　　03. 景
11 致
12 ②
13 ③

4단계

연습문제　p.74

1

2　許　허락할 허　　終　마칠 종
　　倍　곱 배　　　　冷　찰 랭

3

4
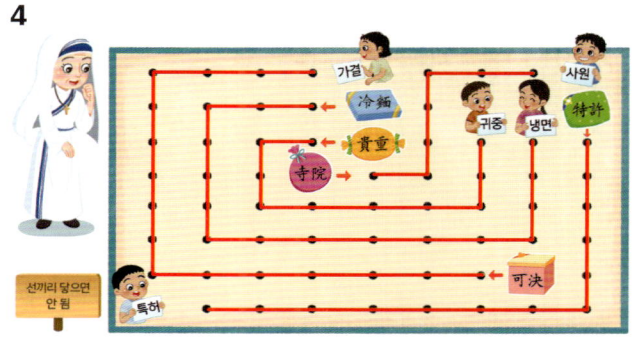

기출·예상문제　p.76

한국어문회

1　01. 허락할 허　02. 곱 배　　03. 귀할 귀
2　01. 固　　02. 可　　03. 再
3　01. 배수　　02. 냉기　　03. 환자
　　04. 가능　　05. 특허
4　01. 終　　02. 冷
5　01. 貴　　02. 終
6　01. ④　　02. ①
7　01. ①　　02. ③
8　01. ③　　02. ②
9　01. 再活用　02. 終日　03. 院長
　　04. 高貴　　05. 固有
10 01. ⑤　　02. ④　　03. ③

한자교육진흥회

1　01. ②　　02. ③　　03. ①
2　01. ②　　02. ②　　03. ①
3　01. ③
4　01. ②　　02. ①
5　01. ③　　02. ④　　03. ②
6　01. ④　　02. ②
7　01. 두 재　02. 굳을 고　03. 마칠 종
8　01. 倍　　02. 許　　03. 貴

9 01. 급랭   02. 학원   03. 불허
10 01. 固   02. 終   03. 再
11 終
12 ②
13 ③

5단계

연습문제
p.92

2 領 거느릴 령   則 법칙 칙 / 곧 즉
   規 법 규   位 자리 위

3

4

기출·예상문제
p.94

한국어문회
1 01. 원할 원 02. 쇠 철   03. 법칙 칙
2 01. 規   02. 爭   03. 敗
3 01. 鉄
4 01. 순서   02. 염원   03. 전쟁
   04. 원칙   05. 선별
5 01. 敗   02. 爭
6 01. 則   02. 位
7 01. ③   02. ④
8 01. ④   02. ②
9 01. ①   02. ②
10 01. 地位   02. 領土   03. 法規
   04. 失敗   05. 鐵道
11 01. ⑥   02. ⑦   03. ⑨

한자교육진흥회
1 01. ①   02. ④   03. ②
2 01. ③   02. ②   03. ③
3 01. ①
4 01. ③   02. ②
5 01. ①   02. ③   03. ④
6 01. ④   02. ①
7 01. 다툴 쟁 02. 차례 서 03. 패할 패
8 01. 位   02. 則   03. 選
9 01. 강철   02. 선출   03. 서문
10 01. 序   02. 領   03. 位
11 鐵
12 ③
13 ③

정답 113

모의고사 정답

한국어문회 5급 모의고사 제1회 정답

1	최초	11	하천	21	원산	31	매점	41	머리 수	51	격식 격	61	孫	71	⑥	81	①	91	生計
2	선장	12	법규	22	타산	32	양질	42	생각 사	52	옳을 가	62	章	72	②	82	⑦	92	家族
3	냉대	13	환자	23	객석	33	애착	43	큰 덕	53	함께 공	63	消	73	③	83	形式	93	英才
4	당락	14	신선	24	재료	34	도읍	44	세울 건	54	차례 서	64	發	74	①	84	感動	94	平等
5	본선	15	매입	25	실수	35	의견	45	값 가	55	셈 수	65	区	75	⑤	85	風向	95	農村
6	참고	16	학비	26	기약	36	섬 도	46	수컷 웅	56	법칙 칙	66	号	76	③	86	反省	96	通話
7	의원	17	고시	27	전철	37	끊을 절	47	오를 등	57	맺을 결	67	重	77	⑤	87	作別	97	綠色
8	도리	18	광경	28	여행	38	인할 인	48	업 업	58	패할 패	68	近	78	②	88	美女	98	⑩
9	열정	19	영토	29	고유	39	곱 배	49	복 복	59	歌	69	夕	79	③	89	勇氣	99	⑩
10	담합	20	충분	30	선심	40	없을 무	50	두 재	60	度	70	⑦	80	⑥	90	注文	100	③

한국어문회 5급 모의고사 제2회 정답

1	곡선	11	경쟁	21	광장	31	필기	41	허락할 허	51	마디 절	61	今	71	①	81	⑥	91	立秋
2	관념	12	선의	22	요약	32	최근	42	일할 로	52	자리 위	62	前	72	②	82	⑤	92	題目
3	가결	13	고귀	23	독도	33	광고	43	거느릴 령	53	집 택	63	樹	73	⑥	83	平和	93	頭角
4	무효	14	완성	24	인과	34	고정	44	심을 식	54	받들 봉	64	医	74	②	84	現金	94	農業
5	소원	15	군민	25	승패	35	병원	45	생각할 고	55	쇠 철	65	礼	75	⑤	85	向方	95	理由
6	변개	16	합숙	26	천배	36	헤아릴 료	46	골 동	56	길 영	66	対	76	④	86	直言	96	交代
7	재치	17	당도	27	영웅	37	터 기	47	상줄 상	57	뭍 륙	67	溫	77	②	87	公園	97	朝夕
8	육아	18	식탁	28	전시	38	구름 운	48	수건 건	58	다를 타	68	強	78	⑤	88	番號	98	⑦
9	공부	19	판서	29	휴양	39	떨어질 락	49	성씨 박	59	特	69	始	79	②	89	運行	99	⑦
10	선거	20	품격	30	우량	40	망할 망	50	말씀 설	60	畫	70	③	80	①	90	多急	100	⑤

한자교육진흥회 5급 모의고사 제1회 정답

1	①	11	①	21	①	31	맑을 청	41	窓	51	명제	61	도표	71	作	81	老年	91	초과
2	③	12	③	22	①	32	함께 공	42	堂	52	기입	62	녹말	72	高	82	太陽	92	창의적
3	③	13	②	23	③	33	보일 시	43	勝	53	두건	63	급류	73	近	83	出席	93	종류
4	④	14	①	24	②	34	어제 작	44	耳	54	시속	64	용사	74	科	84	협동	94	건국
5	②	15	③	25	④	35	살필 성/덜 생	45	別	55	부문	65	번외	75	夜	85	표준어	95	규칙
6	③	16	①	26	④	36	필 발	46	弱	56	근성	66	방화	76	和	86	해결	96	구분
7	①	17	②	27	②	37	서울 경	47	米	57	우애	67	병실	77	長→場	87	계절	97	사법부
8	③	18	④	28	①	38	이름 호	48	禮	58	강군	68	금은	78	牛→右	88	지진	98	단위
9	②	19	③	29	③	39	열 개	49	服	59	입추	69	야간	79	東海	89	공경	99	書
10	④	20	①	30	④	40	손자 손	50	光	60	단신	70	조모	80	世界	90	존중	100	色

한자교육진흥회 5급 모의고사 제2회 정답

1	①	11	②	21	②	31	무거울 중	41	黃	51	원수	61	야합	71	美	81	病色	91	공연
2	③	12	①	22	①	32	쉴 휴	42	郡	52	성별	62	부족	72	品	82	命中	92	긍정
3	①	13	①	23	④	33	고을 읍	43	朴	53	오후	63	교습	73	光	83	立席	93	자유
4	②	14	③	24	③	34	새 신	44	東	54	화제	64	형식	74	發	84	쾌적	94	암석
5	③	15	③	25	④	35	살 주	45	樹	55	영재	65	서경	75	放	85	실명	95	편지
6	①	16	②	26	③	36	길 영	46	位	56	초식	66	공백	76	成	86	단정	96	계산
7	④	17	③	27	①	37	때 시	47	在	57	업계	67	양약	77	所→消	87	설득	97	반도체
8	④	18	②	28	②	38	이로울 리	48	語	58	혈육	68	통운	78	李→理	88	위성	98	미소
9	②	19	①	29	③	39	겨울 동	49	油	59	등호	69	교복	79	生活	89	연상	99	親
10	④	20	①	30	③	40	낮 주	50	向	60	신당	70	내성	80	當番	90	비교	100	開

★ 저자소개

허은지

명지대학교 중어중문학과 박사 수료
상상한자중국어연구소 대표
명지대 미래교육원 중국어 과정 지도교수
마포고, 세화고, 화곡중 출강
<하오빵어린이중국어 발음편> 시사중국어사, 공저
<쑥쑥 급수한자 8급·7급·6급 상하·준5급 상하> 제이플러스, 공저

박진미

성균관대학교 중어중문학과 졸업
성균관대학교 교육대학원 중국어교육 석사
상상한자중국어연구소 대표 강사
성균관쑥쑥한자교습소 원장
학동초 방과후학교 한자 강사
<8822 HSK 어휘 갑을병정 전3권> 다락원, 공동편역
<꼬치꼬치 HSK 듣기/어법> YBM시사, 공저
<쑥쑥 급수한자 8급·7급·6급 상하·준5급 상하> 제이플러스, 공저

윤혜정

선문대학교 한중통번역대학원 석사 수료
상상한자중국어연구소 대표 강사
와우윤샘한자중국어공부방 운영
다솔초, 갈천초 방과후학교 한자 강사
<쑥쑥 급수한자 8급·7급·6급 상하·준5급 상하> 제이플러스, 공저

초판 발행	2025년 11월 20일
저자	허은지·박진미·윤혜정
발행인	이기선
발행처	제이플러스
삽화	김효지
등록번호	제10-1680호
등록일자	1998년 12월 9일
주소	경기도 고양시 덕양구 향동로 217
구입문의	02-332-8320
팩스	02-332-8321
홈페이지	www.jplus114.com
ISBN	979-11-5601-303-7

©JPLUS 2025
●잘못된 책은 교환해 드립니다.
●저자와 출판사의 허락 없이 무단 전재나 복제를 금합니다.

한자 능력 검정시험 모의고사

- 한국어문회 5급 모의고사　　　1회
- 한국어문회 5급 모의고사　　　2회

- 한자교육진흥회 5급 모의고사　1회
- 한자교육진흥회 5급 모의고사　2회

* 한국어문회형 2회, 한자교육진흥회형 2회 총 4회의 모의고사 문제입니다.
정답지는 표시선을 따라 잘라서 준비해 주세요.

▶ 정답 p.114~p.115

[問 1-35] 다음 밑줄 친 漢字語의 讀音을 쓰세요.

[1] 고조선은 단군이 세운 우리나라 <u>最初</u>의 국가이다.

[2] 우리 오빠는 전 세계의 바다를 누비는 <u>船長</u>이 되었다.

[3] 그는 동료들의 무관심과 <u>冷待</u>를 견디기 힘들다고 말했다.

[4] 회장 선거는 한 표 차이로 <u>當落</u>이 엇갈렸다.

[5] 학교 농구팀이 <u>本選</u>에 진출했다는 소식에 모두들 환호성을 질렀다.

[6] 진로를 결정할 때 어른들의 조언을 <u>參考</u>할 필요가 있다.

[7] 내 친구는 의대를 졸업하고 고향에 내려가 <u>醫院</u>을 개업했다.

[8] '살신성인'은 몸을 바쳐 올바른 <u>道理</u>를 이룬다는 뜻이다.

[9] 우리는 냉정과 <u>熱情</u>을 잘 조화 해야 한다.

[10] 여러 통신사들이 요금을 <u>談合</u>한 사실이 적발되었다.

[11] 비가 많이 내려 <u>河川</u>이 범람했다.

[12] 운전자는 교통 신호나 차선을 지키는 것 등 각종 도로 교통에 관한 <u>法規</u>를 준수해야 한다.

[13] 슈바이처는 사랑과 봉사정신으로 <u>患者</u>들을 치료하였다.

[14] 그는 오래전 속세를 버리고 산속에 들어가 <u>神仙</u>처럼 살고 있다.

[15] 김장철을 맞아 고추 수요가 늘어나자 고추 <u>買入</u>가격이 폭등하고 있다.

[16] 그녀는 자신의 힘으로 <u>學費</u>를 벌어 학교를 다녔다.

[17] 정부는 법령이 새로 바뀐 것을 <u>告示</u>했다.

[18] 산의 정상에서 보는 눈 내리는 <u>光景</u>은 참으로 장관이었다.

[19] 국경을 맞대고 있는 두 나라 사이에 <u>領土</u> 분쟁이 일어났다.

[20] 감기에 걸렸다면 <u>充分</u>히 쉬는 게 좋다.

[21] 유럽이 <u>原産</u>인 상추는 세계적으로 널리 재배되며 그 종류도 많다.

[22] 상인들은 항상 수지 <u>打算</u>에 민감하다.

[23] 그 배우가 무대에 등장하자 <u>客席</u>에서는 환호와 박수가 터져 나왔다.

[24] 그 실험을 하려면 많은 <u>材料</u>가 필요하다.

[25] 회사에 취직한 첫날 <u>失手</u>하지 않도록 정신 바짝 차리고 일했다.

[26] 우리는 다시 만날 것을 <u>期約</u>하고 헤어졌다.

[27] 약속 시간을 맞추기에는 電鐵이 편리하다.

[28] 이번 旅行은 같이 간 사람들 덕분에 즐거운 시간이었다.

[29] 생활 한복은 우리 固有의 멋에 실용성을 덧붙여서 만들었다.

[30] 소설 속의 놀부는 부자이지만 善心이라고는 베풀 줄 모르는 인물이다.

[31] 나는 간단한 학용품을 학교 賣店에서 구입한다.

[32] 콩에는 良質의 단백질이 들어 있어 다이어트 식품으로 많은 사람들이 섭취한다.

[33] 할머니께서는 어제 선물받은 강아지에 愛着이 가시는 모양이다.

[34] 조선의 새 都邑인 한양은 정치, 경제, 문화의 중심지가 되었다.

[35] 우리는 이 문제를 해결하기 위해 전문가의 意見을 듣기로 했다.

[問 36-58] 다음 漢字의 訓과 音을 쓰세요.

[36] 島   [37] 切
[38] 因   [39] 倍
[40] 無   [41] 首
[42] 思   [43] 德
[44] 建   [45] 價
[46] 雄   [47] 登
[48] 業   [49] 福
[50] 再   [51] 格
[52] 可   [53] 共
[54] 序   [55] 數
[56] 則   [57] 結
[58] 敗

[問 59-63] 다음 訓과 音을 가진 漢字를 쓰세요.

[59] 노래 가
[60] 법도 도
[61] 손자 손
[62] 글 장
[63] 사라질 소

[問 64-66] 다음 漢字의 약자(略字: 획수를 줄인 漢字)를 쓰세요.

[64] 發
[65] 區
[66] 號

[問 67-69] 다음 밑줄 친 漢字와 뜻이 반대(또는 상대)되는 漢字를 써넣어 단어를 만드세요.

[67] 輕 ↔ (   )
[68] 遠 ↔ (   )
[69] 朝 ↔ (   )

[問 70-72] 다음 漢字와 뜻이 같거나 비슷한 漢字를 <보기>에서 찾아 그 번호를 쓰세요.

― 보기 ―
① 位 ② 停 ③ 件 ④ 親
⑤ 終 ⑥ 爭 ⑦ 服 ⑧ 起

[70] 衣

[71] 競

[72] 止

[問 73-75] 다음 제시한 漢字語와 뜻에 맞는 同音語를 <보기>에서 찾아 그 번호를 쓰세요.

― 보기 ―
① 力士 ② 男子 ③ 來週
④ 力技 ⑤ 公正 ⑥ 未來

[73] 內住 - (   ) : 이 주의 바로 다음 주.

[74] 歷史 - (   ) : 힘센 사람.

[75] 空庭 - (   ) : 공평하고 올바름.

[問 76-78] 다음 뜻에 맞는 漢字語를 <보기>에서 찾아 그 번호를 쓰세요.

― 보기 ―
① 責望 ② 立案 ③ 所望
④ 各自 ⑤ 調査 ⑥ 急流

[76] 바라고 원하는 것.

[77] 사물의 내용을 명확히 알아보려고 자세히 살펴보고 찾아봄.

[78] 어떤 안건을 세움.

[問 79-82] 다음 뜻을 가진 성어가 되도록 (   ) 안에 들어갈 적절한 漢字語를 <보기>에서 찾아 그 번호로 쓰세요.

― 보기 ―
① 苦口 ② 樂觀 ③ 知過 ④ 知識
⑤ 口鼻 ⑥ 氷山 ⑦ 速戰 ⑧ 今始

[79] (   )必改 : 허물임을 알면 반드시 고침.

[80] (   )一角 : 아주 많은 것 중에 조그마한 부분.

[81] 良藥(   ) : 충언은 귀에 거슬리나 자신에게 이로움.

[82] (   )速決 : 싸움을 빨리 몰아쳐 이기고 짐을 결정함.

[問 83-97] 다음 문장의 밑줄 친 漢字語를 漢字로 쓰세요.

[83] 수필은 쓰는 사람을 가장 솔직히 나타내는 문학 형식이다.

[84] 그 책은 읽을 때마다 매번 새로운 감동을 주었다.

[85] 풍향은 바람이 불어오는 쪽을 말한다.

[86] 반성의 기미가 보이지 않자, 어머니는 내게 더욱 화를 내셨다.

[87] 졸업식에서 나는 정든 교정을 떠나며 후배들에게 작별을 고했다.

[88] 오늘 우리 가족은 뮤지컬 미녀와 야수를 관람하기로 했다.

계속 →

[89] 이번 사건에 관해 용기 있게 증언해 줄 사람을 찾기가 쉽지 않다.

[90] 고객으로부터 이번 신제품에 대해 주문이 쇄도했다.

[91] 바닷사람들은 물고기를 잡아 생계를 이어가고 있었다.

[92] 야외로 소풍을 나간 우리 가족은 모처럼 즐거운 시간을 보냈다.

[93] 미래를 위해 우리나라 과학의 미래 꿈나무인 영재를 많이 길러야 한다.

[94] 자유 민주사회는 무엇보다 기회의 평등을 보장하여야 한다.

[95] 우리의 농산물을 애용하여 가족의 건강도 지키고 농촌도 살립시다.

[96] 이 일은 통화로 이야기하기보다는 직접 만나서 이야기하는 것이 좋겠다.

[97] 5월이 되자 산과 들은 온통 연한 녹색으로 물들었다.

[問 98-100] 다음 漢字의 짙게 표시한 획은 몇 번째 쓰는 획인지 <보기>에서 찾아 그 번호를 쓰세요.

[98]

[99]

[100]

보기
① 첫 번째   ② 두 번째
③ 세 번째   ④ 네 번째
⑤ 다섯 번째 ⑥ 여섯 번째
⑦ 일곱 번째 ⑧ 여덟 번째
⑨ 아홉 번째 ⑩ 열 번째

第2回

5級 I

100문항 / 50분 시험

*성명과 수험번호를 쓰고 문제지와 답안지는 함께 제출하세요.

5級과 5級 II 는 서로 다른 급수입니다. 반드시 지원 급수를 다시 확인하세요.

성명 (   )   수험번호 ☐☐☐-☐☐-☐☐☐☐

[問 1-35] 다음 밑줄 친 漢字語의 讀音을 쓰세요.

[1] 외국인들은 한옥 지붕의 우아한 <u>曲線</u>의 아름다움에 매료되었다.

[2] 이 식당의 사장은 위생에 대한 <u>觀念</u>이 철저하다.

[3] 안건이 만장일치로 <u>可決</u>되었음을 선포합니다.

[4] 증빙 서류를 기한 안에 제출하지 않으면 <u>無效</u>입니다.

[5] 여동생은 별똥별을 보고 방을 따로 쓰게 해달라고 <u>所願</u>을 빌었다.

[6] 이 작품은 여러차례 <u>變改</u>되어 원본의 내용이 조금 달라졌다.

[7] 삼촌은 면접 볼때 다소 어려운 질문에도 당황하지 않고 <u>才致</u>있게 답변해서 합격했다.

[8] 요즘 <u>育兒</u> 문제로 고민하는 맞벌이 부부가 많다.

[9] 그는 미국 드라마를 보면서 스스로 <u>工夫</u>하며 영어 회화 실력을 늘려 나갔다.

[10] 내년에 대통령을 뽑는 <u>選擧</u>가 있다.

[11] <u>競爭</u> 관계는 종종 서로에게 좋은 영향을 미치기도 한다.

[12] 우리는 가끔 <u>善意</u>의 거짓말을 할 때가 있다.

[13] 부끄러움은 우리 안에 있는 매우 <u>高貴</u>한 감정 중 하나이다.

[14] 김작가님의 작품이 드디어 <u>完成</u>되었다.

[15] <u>郡民</u>이 힘을 합쳐서 재해 구조에 나섰다.

[16] 국제 경기를 앞두고 국가대표 선수들은 <u>合宿</u>하며 훈련을 하고 있다.

[17] 그들은 다른 일행보다 산 정상에 먼저 <u>當到</u>했다.

[18] 내 생일에 어머니는 맛있는 음식을 <u>食卓</u>에 많이 차리셨다.

[19] 그 문학강의는 주로 선생님의 <u>板書</u>와 설명으로 진행되었다.

[20] <u>品格</u>있는 대화란 바로 이런것이구나 하고 감탄하였다.

[21] 시청 앞 <u>廣場</u>에서는 다양한 문화 행사가 항상 열린다.

[22] 나는 오늘 읽은 동화의 줄거리를 <u>要約</u>해 보았다.

[23] <u>獨島</u>의 생긴 모양을 보고 '삼봉도'라고 부르기도 한다.

[24] 반대로 생각해 보면 두 사건은 <u>因果</u>가 서로 뒤바뀔 수도 있다.

[25] 선수들의 정신력이 이번 경기의 <u>勝敗</u>를 좌우할 수 있다.

[26] 나는 여행지로 산이 바다보다 <u>千倍</u> 낫다고 생각한다.

[27] 할머니는 옛 <u>英雄</u>의 이야기를 많이 들려주셨다.

[28] 천마총 안에는 신라 왕들이 쓰던 물건이 <u>展示</u>되어 있다.

[29] 서쪽 해변에는 많은 <u>休養</u>시설들이 밀집해 있다.

[30] 기상청에서 <u>雨量</u>을 실시간으로 발표한다.

[31] 수업 시간에 <u>筆記</u>한 노트를 친구에게 빌려 주었다.

[32] <u>最近</u> 들어 환경 운동에 대한 관심이 부쩍 늘어나고 있다.

[33] 나는 시내 곳곳에 우리의 <u>廣告</u> 간판이 붙어있는 것을 보았다.

[34] 벽에 <u>固定</u>된 액자가 흔들릴 정도로 지진이 심했다.

[35] 아버지는 무료 <u>病院</u>을 열어 많은 환자를 돌보곤 하였다.

[問 36-58] 다음 漢字의 訓과 音을 쓰세요.

[36] 料
[37] 基
[38] 雲
[39] 落
[40] 亡
[41] 許
[42] 勞
[43] 領
[44] 植
[45] 考
[46] 洞
[47] 賞
[48] 巾
[49] 朴
[50] 說
[51] 節
[52] 位
[53] 宅
[54] 奉
[55] 鐵
[56] 氷
[57] 陸
[58] 他

[問 59-63] 다음 訓과 音을 가진 漢字를 쓰세요.

[59] 특별할 특
[60] 낮 주
[61] 이제 금
[62] 앞 전
[63] 나무 수

[問 64-66] 다음 漢字의 약자(略字: 획수를 줄인 漢字)를 쓰세요.

[64] 醫
[65] 禮
[66] 對

[問 67-69] 다음 밑줄 친 漢字와 뜻이 반대(또는 상대)되는 漢字를 써넣어 단어를 만드세요.

[67] 冷 ↔ (   )
[68] (   ) ↔ 弱
[69] (   ) ↔ 終

[問 70-72] 다음 漢字와 뜻이 같거나 비슷한 漢字를 <보기>에서 찾아 그 번호를 쓰세요.

─ 보기 ─
① 初 ② 用 ③ 唱 ④ 旅
⑤ 美 ⑥ 勇 ⑦ 注 ⑧ 音

[70] 歌

[71] 始

[72] 費

[問 73-75] 다음 제시한 漢字語와 뜻에 맞는 同音語를 <보기>에서 찾아 그 번호를 쓰세요.

─ 보기 ─
① 海圖 ② 夜路 ③ 夜光
④ 賣出 ⑤ 輕度 ⑥ 給水

[73] 級數 - (   ) : 물을 대어 줌.

[74] 野老 - (   ) : 밤길.

[75] 京都 - (   ) : 가벼운 정도.

[問 76-78] 다음 뜻에 맞는 漢字語를 <보기>에서 찾아 그 번호를 쓰세요.

─ 보기 ─
① 加熱 ② 賣買 ③ 便安
④ 停電 ⑤ 順序 ⑥ 注油

[76] 오던 전기가 끊어짐.

[77] 물건을 팔고 사는 일.

[78] 정해 놓은 차례.

[問 79-82] 다음 뜻을 가진 성어가 되도록 (   ) 안에 들어갈 적절한 漢字語를 <보기>에서 찾아 그 번호로 쓰세요.

─ 보기 ─
① 不問 ② 河淸 ③ 相關 ④ 河馬
⑤ 圖生 ⑥ 相規 ⑦ 無根 ⑧ 不順

[79] 百年(   ) : 아무리 오랜 시일이 지나도 어떤 일이 이루어지기 어려움.

[80] (   )可知 : 묻지 아니하여도 알 수 있음.

[81] 過失(   ) : 잘못을 저지르지 않도록 서로 규제함.

[82] 各自(   ) : 저마다 스스로 삶의 계획을 꾸려감.

[問 83-97] 다음 문장의 밑줄 친 漢字語를 漢字로 쓰세요.

[83] 인류는 전쟁보다는 평화를 원한다.

[84] 최근 카드 사용이 일상이 되어 현금사용이 크게 줄었다.

[85] 사람들은 우승컵의 향방에 관심이 쏠려 있다.

[86] 그는 상사에게 이번 결정은 잘못이라고 직언하였다.

[87] 부부는 아침마다 공원을 한 바퀴씩 산책한다.

[88] 나는 친구와 함께 은행에서 번호표를 뽑고 차례를 기다렸다.

[89] 달은 지구를 중심으로 운행한다.

계속 →

[90] 누군가 <u>다급</u>하게 문을 두드리는 소리가 들렸다.

[91] 8월 초 <u>입추</u>가 지나면 날씨도 선선해진다.

[92] 그 시에 알맞은 <u>제목</u>을 붙여 봅시다.

[93] 그녀는 국악계에서 단연 <u>두각</u>을 나타내는 젊은 소리꾼이다.

[94] 요즘 청년들이 귀향해 <u>농업</u>을 과학 영농으로 바꿔놓았다.

[95] 내가 봄을 좋아하는 <u>이유</u>는 산뜻한 새벽 공기 때문이다.

[96] 장병들은 조를 짜서 <u>교대</u>로 보초를 섰다.

[97] 요즈음 <u>조석</u>으로 선선한 바람이 분다.

[問 98-100] 다음 漢字의 짙게 표시한 획은 몇 번째 쓰는 획인지 <보기>에서 찾아 그 번호를 쓰세요.

보기	
① 첫 번째	② 두 번째
③ 세 번째	④ 네 번째
⑤ 다섯 번째	⑥ 여섯 번째
⑦ 일곱 번째	⑧ 여덟 번째
⑨ 아홉 번째	⑩ 열 번째

[98]

[99]

[100] 界

한자교육진흥회 [5급] 모의고사 제1회 문제지

100문항 / 60분 시험
객 30 / 주 70

객관식 (1~30번)

※ [ ]안의 한자와 음(소리)이 같은 한자는?

1. [李] ①里 ②冬 ③牛 ④古
2. [永] ①午 ②用 ③英 ④路
3. [空] ①幸 ②章 ③功 ④西
4. [信] ①言 ②主 ③表 ④神
5. [犬] ①林 ②見 ③衣 ④村

※ [ ]안의 한자의 뜻으로 알맞은 것은?

6. [童] ①글 ②서다 ③아이 ④마을
7. [第] ①차례 ②무리 ③아우 ④화살
8. [油] ①수풀 ②밭 ③기름 ④펴다

※ [ ]안의 한자와 뜻이 비슷하거나 같은 한자는?

9. [答] ①力 ②對 ③郡 ④本
10. [安] ①度 ②遠 ③夕 ④便

※ [ ]안의 한자와 뜻이 반대되거나 상대되는 한자는?

11. [無] ①有 ②美 ③話 ④夏
12. [活] ①才 ②綠 ③死 ④反

※ <보기>의 단어들과 가장 관련이 깊은 한자는?

13. 보기 우유 생수 커피
    ①直 ②飮 ③品 ④面

14. 보기 독감 설사 상처
    ①藥 ②向 ③南 ④樂

15. 보기 선생님 경찰관 기자
    ①新 ②春 ③業 ④畫

※ [ ]안의 한자어의 독음(소리)으로 알맞은 것은?

16. [廣告] ①광고 ②경고 ③통고 ④보고
17. [比較] ①비례 ②비교 ③비중 ④비등
18. [獨立] ①시립 ②수립 ③정립 ④독립
19. [公演] ①공석 ②공통 ③공연 ④공개
20. [氣溫] ①기온 ②기후 ③기압 ④기상

※ [ ]안의 한자어의 뜻으로 알맞은 것은?

21. [肯定]
    ① 그러하다고 생각하여 옳다고 인정함.
    ② 행동이나 태도를 분명하게 정함.
    ③ 행동이나 일을 하도록 허용함.
    ④ 사실의 경우나 형편.

22. [消極的]
    ① 스스로 앞으로 나아가거나 상황을 개선하려는 기백이 부족하고 비활동적인 것.
    ② 자기의 견해나 관점을 기초로 하는 것.

③ 여럿 가운데서 필요한 것을 골라 뽑음.
④ 대상에 대한 태도가 긍정적이고 능동적인 것.

23. [餘暇]
① 병으로 말미암아 얻는 휴가.
② 정하지 않고 잠시만 빌리는 것.
③ 일이 없어 남는 시간.
④ 마음속에서 일어나는 느낌이나 생각.

24. [轉學]
① 학생이 다니던 학교를 그만둠.
② 다니던 학교에서 다른 학교로 학적을 옮겨 가서 배움.
③ 학생이 학교의 규칙을 어겼을 때 등교를 정지하는 일.
④ 일정 기간 동안 학교를 쉬는 일.

25. [針葉樹]
① 활동하는 힘이 되는 본바탕.
② 길을 따라 줄지어 심은 나무.
③ 잎이 넓은 나무의 종류.
④ 잎이 침엽으로 된 겉씨식물.

※ [ ] 안에 들어갈 한자어로 알맞은 것은?

26. 자신의 의무를 이행해야 [ ]을/를 주장할 수 있다.
① 原因 ② 情報 ③ 結果 ④ 權利

27. [ ]은 많은 선량한 시민들을 희생시킨다.
① 競爭 ② 戰爭 ③ 印象 ④ 役割

28. 다리가 아파서 더 [ ] 걸을 수 없었다.
① 以上 ② 二上 ③ 以下 ④ 二下

29. 달은 지구 주위를 도는 [ ]이다.
① 宇宙 ② 描寫 ③ 衛星 ④ 尖端

30. 합창대회를 위해 [ ]로 옷을 맞추었다.
① 歷史 ② 勤勉 ③ 傳統 ④ 團體

주관식 (31~100번)

※ 다음 한자의 훈(뜻)과 음(소리)을 한글로 쓰시오.

31. 淸 (   )
32. 共 (   )
33. 示 (   )
34. 昨 (   )
35. 省 (   )
36. 發 (   )
37. 京 (   )
38. 號 (   )
39. 開 (   )
40. 孫 (   )

※ 훈과 음에 맞는 한자를 <보기>에서 찾아 쓰시오.

| 보기 | 勝 服 堂 別 耳 米 光 弱 窓 禮 |

41. 창 창   (   )
42. 집 당   (   )
43. 이길 승   (   )
44. 귀 이   (   )
45. 다를 별   (   )

계속 →

46. 약할 약　　　(　　　　　)
47. 쌀 미　　　　(　　　　　)
48. 예도 례　　　(　　　　　)
49. 옷 복　　　　(　　　　　)
50. 빛 광　　　　(　　　　　)

※ 한자어의 독음을 한글로 쓰시오.

51. 命題　　　　(　　　　　)
52. 記入　　　　(　　　　　)
53. 頭巾　　　　(　　　　　)
54. 時速　　　　(　　　　　)
55. 部門　　　　(　　　　　)
56. 根性　　　　(　　　　　)
57. 友愛　　　　(　　　　　)
58. 強軍　　　　(　　　　　)
59. 立秋　　　　(　　　　　)
60. 短身　　　　(　　　　　)
61. 圖表　　　　(　　　　　)
62. 綠末　　　　(　　　　　)
63. 急流　　　　(　　　　　)
64. 勇士　　　　(　　　　　)
65. 番外　　　　(　　　　　)
66. 放火　　　　(　　　　　)
67. 病室　　　　(　　　　　)
68. 金銀　　　　(　　　　　)
69. 夜間　　　　(　　　　　)
70. 祖母　　　　(　　　　　)

※ <보기>의 뜻을 참고하여 ○안에 공통으로 들어갈 한자를 쓰시오.

71. (1) 名○　(2) ○文　(　　　　　)

| 보기 | (1) 이름난 훌륭한 작품.
(2) 글을 지음. |

72. (1) ○校　(2) ○手　(　　　　　)

| 보기 | (1) 중학교를 졸업한 사람에게 고등 보통 교육과 실업 교육을 실시하는 학교.
(2) 어떤 분야나 집단에서 기술이나 능력이 매우 뛰어난 사람. |

73. (1) ○代　(2) 親○　(　　　　　)

| 보기 | (1) 얼마 지나가지 않은 가까운 시대.
(2) 사귀어 지내는 사이가 아주 가까움. |

※ ○안에 공통으로 들어갈 한자를 <보기>에서 찾아 쓰시오.

| 보기 | 洋　夜　科　和　草 |

74. 敎○　內○　○目　(　　　　　)
75. ○食　○間　晝○　(　　　　　)
76. ○音　平○　○合　(　　　　　)

※ 문장에서 잘못 쓴 한자를 바르게 고쳐 쓰시오. (단, 음이 같은 한자로 고칠 것)

77. 나는 약속 長所를 찾지 못하고 오랜시간 길에서 헤매었다.　(　　　→　　　)

78. 풍랑이 일어 배가 左牛로 갸우뚱거린다.
(→)

※ [ ]의 단어를 한자로 쓰시오.

79. 일출을 보기 위해 [동해]로 떠났다. ( )

80. 그 장인은 [세계] 제일의 가방을 만든다는 자부심이 대단하다. ( )

81. 그와 나는 [노년]이 되어서도 절친한 사이이다. ( )

82. 아침에 일어나 보니 어느새 빛나는 [태양]이 동쪽에서 떠올랐다. ( )

83. 그는 검사 측 증인으로 법정에 [출석]했다. ( )

※ [ ]의 한자어 독음을 한글로 쓰시오.

84. 양보와 타협은 [協同] 생활에 꼭 필요한 덕목이다. ( )

85. 공식적인 자리에서는 [標準語]를 사용하는 것이 바람직하다. ( )

86. 학교에서 선생님과 상담을 한 후 고민이 [解決]되었다. ( )

87. 겨울철에는 다른 [季節]보다 난방비가 많이 나온다. ( )

88. 온 나라가 [地震]으로 파괴된 도시를 복구하는 데 총력을 기울였다. ( )

89. 웃어른을 [恭敬]하는 일은 인간의 마땅한 도리이다. ( )

90. 민주주의 사회에서는 소수의 의견도 [尊重]해야 한다. ( )

91. 엘리베이터에서는 정원 [超過]를 알리는 벨이 울렸다. ( )

92. 건축가는 주변의 자연들을 [創意的]으로 활용하여 자연과 어우러지도록 설계했다. ( )

93. 학과들이 특성화되면서 교과의 [種類]가 많아졌다. ( )

94. [建國]신화의 주인공은 역경을 딛고 일어서서 영웅이 된다. ( )

95. 야구는 [規則]을 알고 보면 더 재미있게 관람할 수 있다. ( )

96. 우리는 옳고 그른 일들을 [區分]할 줄 알아야 한다. ( )

97. 재판이 공정하게 이루어지려면 [司法府]의 독립이 보장되어야 한다. ( )

98. 우리 집은 3년 [單位]로 정수기 사용 계약을 하고 있다. ( )

※ 한자성어의 설명을 읽고 ○ 안에 들어갈 한자를 쓰시오.

99. 家○萬金 ( )

[가서만금] 자기 집에서 온 편지의 반갑고 소중함을 이르는 말

100. 大驚失○ ( )

[대경실색] 몹시 놀라 얼굴빛이 하얗게 질림

100문항 / 60분 시험
객 30 / 주 70

한자교육진흥회 [5급] 모의고사 제2회 문제지

객관식 (1~30번)

※ [ ]안의 한자와 음(소리)이 같은 한자는?

1. [前] ① 全 ② 夏 ③ 字 ④ 交
2. [度] ① 速 ② 答 ③ 圖 ④ 家
3. [第] ① 題 ② 兄 ③ 登 ④ 日
4. [幸] ① 方 ② 行 ③ 世 ④ 花
5. [科] ① 洞 ② 童 ③ 果 ④ 省

※ [ ]안의 한자의 뜻으로 알맞은 것은?

6. [直] ① 곧다 ② 보다 ③ 막다 ④ 심다
7. [身] ① 등 ② 입 ③ 코 ④ 몸
8. [書] ① 법 ② 그림 ③ 낮 ④ 책

※ [ ]안의 한자와 뜻이 비슷하거나 같은 한자는?

9. [本] ① 意 ② 根 ③ 表 ④ 綠
10. [文] ① 路 ② 對 ③ 間 ④ 章

※ [ ]안의 한자와 뜻이 반대되거나 상대되는 한자는?

11. [近] ① 秋 ② 遠 ③ 死 ④ 北
12. [樂] ① 苦 ② 記 ③ 孫 ④ 電

※ <보기>의 단어들과 가장 관련이 깊은 한자는?

13. | 보기 | 곡식 떡 농사 |
    ① 米 ② 木 ③ 末 ④ 李

14. | 보기 | 소설 교과서 신문 |
    ① 體 ② 漢 ③ 讀 ④ 夕

15. | 보기 | 트로피 결승 승리 |
    ① 市 ② 村 ③ 勝 ④ 反

※ [ ]안의 한자어의 독음(소리)으로 알맞은 것은?

16. [曲線] ① 직선 ② 곡선 ③ 전선 ④ 유선
17. [稅金] ① 적금 ② 예금 ③ 세금 ④ 연금
18. [對應] ① 대선 ② 대응 ③ 대체 ④ 대결
19. [文脈] ① 문맥 ② 문체 ③ 문서 ④ 문단
20. [面談] ① 면담 ② 속담 ③ 진담 ④ 덕담

※ [ ]안의 한자어의 뜻으로 알맞은 것은?

21. [氣溫]
    ① 어느 기준보다 위.
    ② 대기의 온도.
    ③ 간 사회가 거쳐 온 변천의 모습.
    ④ 특별한 일이 없는 보통 때.

22. [政治]
    ① 나라를 다스리는 일.
    ② 새로운 생각이나 의견.
    ③ 어떤 일이 일어날 확실성의 정도.
    ④ 기준이 되는 표준.

23. [社會]

① 회의나 예식 따위를 진행함.
② 활동하는 힘이 되는 본바탕.
③ 어떤 회의나 모임을 구성하고 있는 사람.
④ 같은 무리끼리 모여 이루는 집단.

24. [投票]

① 아무것도 적지 않은 비어 있는 종이.
② 증명이나 증거가 될 만한 표.
③ 선거 또는 어떤 안건의 가부를 결정할 때, 일정한 표에 의사를 표시하여 지정된 곳에 냄.
④ 안부, 소식, 용무 따위를 적어 보내는 글.

25. [分類]

① 여기저기 흩어져 퍼져 있음.
② 분쟁, 재해 따위로 세상이 소란하고 질서가 어지러워진 상태.
③ 어떤 개인이 특정 단체의 소속이 됨.
④ 종류에 따라서 가름.

※ [ ] 안에 들어갈 한자어로 알맞은 것은?

26. 아버지께서는 매일 아침 [ ]적으로 줄넘기를 하신다.

① 宇宙 ② 役割 ③ 規則 ④ 餘韻

27. 시민 [ ]은/는 사회를 위하여 여러 가지 활동을 한다.

① 團體 ② 尖端 ③ 地震 ④ 根據

28. 그는 이 섬 출신인데 한동안 [ ]로 나가 살다가 돌아왔다.

① 季節 ② 陸地 ③ 種類 ④ 廣告

29. 그는 불의와 [ ]할 줄 모른다.

① 樂器 ② 歷史 ③ 妥協 ④ 縮尺

30. 과도한 사교육비 지출은 가정 [ ]에 큰 영향을 준다.

① 原因 ② 討議 ③ 經濟 ④ 收入

주관식 (31~100번)

※ 다음 한자의 훈(뜻)과 음(소리)을 한글로 쓰시오.

31. 重 ( )
32. 休 ( )
33. 邑 ( )
34. 新 ( )
35. 住 ( )
36. 永 ( )
37. 時 ( )
38. 利 ( )
39. 冬 ( )
40. 晝 ( )

※ 훈과 음에 맞는 한자를 <보기>에서 찾아 쓰시오.

| 보기 | 朴 語 向 位 黃 在 郡 樹 油 東 |

41. 누를 황 ( )
42. 고을 군 ( )
43. 성씨 박 ( )
44. 동녘 동 ( )

계속 →

45. 나무 수 ( )
46. 자리 위 ( )
47. 있을 재 ( )
48. 말씀 어 ( )
49. 기름 유 ( )
50. 향할 향 ( )

※ 한자어의 독음을 한글로 쓰시오.

51. 元首 ( )
52. 性別 ( )
53. 午後 ( )
54. 話頭 ( )
55. 英才 ( )
56. 草食 ( )
57. 業界 ( )
58. 血肉 ( )
59. 等號 ( )
60. 神堂 ( )
61. 野合 ( )
62. 部族 ( )
63. 敎習 ( )
64. 形式 ( )
65. 西京 ( )
66. 空白 ( )
67. 洋藥 ( )
68. 通運 ( )
69. 校服 ( )
70. 內省 ( )

※ <보기>의 뜻을 참고하여 ○안에 공통으로 들어갈 한자를 쓰시오.

71. (1) 南○   (2) ○女   ( )

| 보기 | (1) 아메리카 대륙의 남부.
(2) 얼굴이 아름다운 여자. |

72. (1) 用○   (2) 名○   ( )

| 보기 | (1) 어떤 일이나 목적과 관련하여 쓰이는 물품.
(2) 뛰어나거나 이름난 물건. |

73. (1) ○年   (2) ○線   ( )

| 보기 | (1) 천체와 천체 사이의 거리를 나타내는 단위.
(2) 빛의 줄기. |

※ ○안에 공통으로 들어갈 한자를 <보기>에서 찾아 쓰시오.

| 보기 | 感 放 春 發 各 成 |

74. ○信   始○   ○表   ( )
75. ○心   ○出   ○學   ( )
76. ○功   育○   ○人   ( )

※ 문장에서 잘못 쓴 한자를 바르게 고쳐 쓰시오. (단, 음이 같은 한자로 고칠 것)

77. 산불이 난 지 1시간 만에 所火 작업을 끝냈다.   (→   )

78. 슬픔을 함께 나누는 것이 친구의 道李라고 생각한다. (　　→　　)

※ [　]의 단어를 한자로 쓰시오.

79. 그녀는 새로운 직장 [생활]에 잘 적응하지 못했다. (　　　)

80. 청소 [당번]을 제외한 모든 학생들이 집으로 돌아갔다. (　　　)

81. 최근에 독감으로 고생한 내 친구의 얼굴은 아직 [병색]을 띠고 있었다. (　　　)

82. 아무리 명사수라도 손이 흔들리는 상태에서는 [명중]을 기대하기 어렵다. (　　　)

83. 좌석이 매진되어 [입석]을 끊었다. (　　　)

※ [　]의 한자어 독음을 한글로 쓰시오.

84. [快適]한 아침 공기에 기분이 좋아졌다. (　　　)

85. 삼촌은 일하다가 눈을 크게 다쳐 [失明]하였다. (　　　)

86. 그녀는 학교가기 전에 머리를 [端正]하게 묶었다. (　　　)

87. 나는 부모님의 끈질긴 [說得]으로 다시 공부를 시작하기로 했다. (　　　)

88. 목성은 현재 육십 개 이상의 [衛星]이 주위를 돌고 있다고 알려져 있다. (　　　)

89. 새해 아침이면 찬란한 아침 해가 솟아오르는 장면이 [聯想]된다. (　　　)

90. 언니는 물건을 살 때에 항상 다른 곳의 상품과 [比較]를 해보고 구입한다. (　　　)

91. 아이들은 [公演]이 끝난 뒤 배우들과 함께 사진을 찍었다. (　　　)

92. 내 의견을 듣고 친구는 [肯定]의 뜻으로 고개를 끄덕였다. (　　　)

93. 새들이 하늘을 [自由]롭게 날아다니고 있다. (　　　)

94. 지구 대부분의 [巖石]은 퇴적암으로 이루어져 있다. (　　　)

95. 그는 군복무 중인 친구에게 자신의 소소한 일상을 전하는 [便紙]를 받았다. (　　　)

96. 나는 오늘 쓴 돈은 오늘 [計算]을 해야 마음이 편하다. (　　　)

97. 그 회사는 [半導體] 기술로 세계 시장을 제패했다. (　　　)

98. 소녀는 얼굴 가득히 [微笑]를 띤 채 나에게 걸어왔다. (　　　)

※ 한자성어의 설명을 읽고 ○ 안에 들어갈 한자를 쓰시오.

99. 王者無○　　　(　　　)

[왕자무친] 임금이라도 국법 앞에서는 사사로운 정으로 일을 처리하지 못함

100. ○卷有益　　　(　　　)

[개권유익] 책을 펼쳐 놓는 것만으로도 이익이 있다는 뜻으로, 책을 읽는 것을 권장하는 말

※ 답안지는 컴퓨터로 처리되므로 구기거나 더럽히지 마시고, 정답 칸 안에만 쓰십시오. ※ 유성 싸인펜, 붉은색 필기구 사용 불가.
 글씨가 채점란으로 들어오면 오답처리가 됩니다.

한국어문회 5급Ⅰ 모의고사 제1회 답안지 (1)

번호	정답	번호	정답	번호	정답
1		17		33	
2		18		34	
3		19		35	
4		20		36	
5		21		37	
6		22		38	
7		23		39	
8		24		40	
9		25		41	
10		26		42	
11		27		43	
12		28		44	
13		29		45	
14		30		46	
15		31		47	
16		32		48	

※ 본 답안지는 컴퓨터로 처리되므로 구겨지거나 더럽혀지지 않도록 조심하시고 글씨를 칸 안에 또박또박 쓰십시오.

한국어문회 5급 Ⅰ 모의고사 제1회 답안지 (2)

번호	정답	번호	정답	번호	정답
49		67		85	
50		68		86	
51		69		87	
52		70		88	
53		71		89	
54		72		90	
55		73		91	
56		74		92	
57		75		93	
58		76		94	
59		77		95	
60		78		96	
61		79		97	
62		80		98	
63		81		99	
64		82		100	
65		83			
66		84			

※ 답안지는 컴퓨터로 처리되므로 구기거나 더럽히지 마시고, 정답 칸 안에만 쓰십시오. ※ 유성 싸인펜, 붉은색 필기구 사용 불가.
글씨가 채점란으로 들어오면 오답처리가 됩니다.

한국어문회 5급 Ⅰ 모의고사 제2회 답안지 (1)

번호	정답	번호	정답	번호	정답
1		17		33	
2		18		34	
3		19		35	
4		20		36	
5		21		37	
6		22		38	
7		23		39	
8		24		40	
9		25		41	
10		26		42	
11		27		43	
12		28		44	
13		29		45	
14		30		46	
15		31		47	
16		32		48	

한국어문회 5급Ⅰ 모의고사 제2회 답안지 (2)

번호	정답	번호	정답	번호	정답
49		67		85	
50		68		86	
51		69		87	
52		70		88	
53		71		89	
54		72		90	
55		73		91	
56		74		92	
57		75		93	
58		76		94	
59		77		95	
60		78		96	
61		79		97	
62		80		98	
63		81		99	
64		82		100	
65		83			
66		84			

한자교육진흥회 [5급] 모의고사 제1회 답안지

■ 객관식 ■

1		6		11		16		21		26	
2		7		12		17		22		27	
3		8		13		18		23		28	
4		9		14		19		24		29	
5		10		15		20		25		30	

■ 주관식 ■

31		45		59		73		87	
32		46		60		74		88	
33		47		61		75		89	
34		48		62		76		90	
35		49		63		77		91	
36		50		64		78		92	
37		51		64		79		93	
38		52		66		80		94	
39		53		67		81		95	
40		54		68		82		96	
41		55		69		83		97	
42		56		70		84		98	
43		57		71		85		99	
44		58		72		86		100	

한자교육진흥회 [5급] 모의고사 제2회 답안지

■ 객관식 ■

1		6		11		16		21		26	
2		7		12		17		22		27	
3		8		13		18		23		28	
4		9		14		19		24		29	
5		10		15		20		25		30	

■ 주관식 ■

31		45		59		73		87	
32		46		60		74		88	
33		47		61		75		89	
34		48		62		76		90	
35		49		63		77		91	
36		50		64		78		92	
37		51		64		79		93	
38		52		66		80		94	
39		53		67		81		95	
40		54		68		82		96	
41		55		69		83		97	
42		56		70		84		98	
43		57		71		85		99	
44		58		72		86		100	